均・
イドル・
き芋屋

江戸の発明 現代《いま》の常識

続・江戸のヒット仕掛け人

檜山良昭

東京新聞

はじめに

寛延《かんえん》四年（１７５１）六月、「質素倹約」を掲げてきた八代将軍の吉宗《よしむね》が逝去《せいきょ》した。吉宗は長男の家重《いえしげ》に将軍職を譲り、隠居して「大御所様」と呼ばれていたが、あいかわらず政務に目を光らせ、質素倹約政治を維持していたのだ。

吉宗の死を転機として、幕府は不評だった様々な質素倹約令をなし崩し的に形骸《けいがい》化し、産業や商業を奨励することによって幕府の収入を増やし財政を安定させるという重商主義的な路線に舵を切る。

このような方向の転換で経済的な実力を持ったのが町人層だ。文化《ぶんか》十三年（１８１６）に書かれた「世事見聞録《せじけんぶんろく》」（武陽隠士《ぶよういんし》）はこう言う。

「すべて武家、寺社、農民そのほかとも世の中はなべて町人の手に罹《かか》り、ことごとく利潤を奪われるなり。よって世の中の有余《ゆうよ》は分厘《ぶりん》の塵雫《ちりしずく》までも、みな町人が掠《かす》め取りてしだいに増長するがゆえに、武家、農民そのほかとも逼迫《ひっぱく》するなり」

町人は商人と言い換えてもよい。

「当世金持ちといえば国家の宝のごとく心得《こころえ》、上下ともこれを贔屓《ひいき》し、これを尊敬して憎むものなし」(「世事見聞録」)

「士農工商」と言ったのは昔のこと。これが逆転して、「商工農士」とまで陰口をきかれる時代となった。

「今はただひとがらよりは稼《かせ》ぎがら」

川柳にも言う。

独身女性の結婚の条件は相手の人物よりも稼ぎの多さだという独身男の嘆きの句だ。現代の未婚女性が結婚相手に求める年収が七百万円以上だというアンケート調査があるそうだから、この川柳は現代にも当てはまるかもしれない。

「汗水を流して習う剣術の
　役にもたたぬ御代《みよ》ぞめでたき」

この狂歌を詠《よ》んだのが狂歌作者の元木網《もとのもくあみ》、本名は大野屋喜三郎《おおのやきさぶろう》といって江戸京橋で銭湯を経営していた。

武士ではなくて町人だ。太平の世の中で剣術修行なんぞに励んでいる武士は何の役にも立たない。今は商人の時代だぞという商人の誇りを詠んでいる。

「貧すれば質におくての太刀《たち》かたな
　さすがは武士のうけつ流しつ」（山手白人《やまてのしろひと》）

こちらも武士の困窮をからかった狂歌だ。

商人層が作り出した消費経済に巻き込まれてしまう武士階級は収入を上まわる消費支出によって困窮の度合いを深めていく。そこから「諸悪の根源は商人である」という商人悪者論が広まりもした。

商人層といってもピンからキリまであるが、富商とか豪商とか呼ばれる上層商人や中層商人は豊かな財力を衣・食・住・娯楽につぎ込んだ。江戸の町人文化の担《にな》い手であり、そのおりおりの流行も作り出した。

「ぜんたいに風俗は上を見倣《みなら》うべきに、当世は下の風俗が上に移るなり。これは下に、珍しく面白く、快き風情《ふぜい》があるゆえなり」

憤懣《ふんまん》やるかたない調子で「世事見聞録」の著者の武陽隠士は書いている。

だが、富商といえども寝転がっているだけで金が流れこんできたというわけではない。

「商人はほどよき盗賊にて、泥棒、乞食のごとき人情ならでは勝利は得がたきものなり」

（「世事見聞録」）というのは言い過ぎだろうが、多くは勤勉倹約と知恵と才覚によって行商人から屋台、さらに見世店《みせだな》へとのし上がった。

「仮名世説《かなよせつ》」という本に忠七という飴《あめ》屋の話が載っている。

彼ら小商人の暮らしを書いているので紹介しよう。

「四谷に飴屋忠七という男がいる。朝は特に早起きして飴を作り、家業に怠《おこた》りない。わずかなひまも惜しんで三度の食事の他にはまったく休むことがない。暮れ時に仕事を終えると、風呂に入り、それから破れている粗末な仕事着を黒羽二重《くろはぶたえ》の定紋《じょうもん》がついている立派な衣服に着替え、黒天《こくてん》びろうどの敷物の上で煙草を二、三服吸って寝床に入る。夜具も繻子《しゅす》、緞子《どんす》のような高価なものであり、これを着て寝るのである。夜明けになれば、またまた例のふるびた粗末な仕事着を着て、前日のように飴を作るのである。

ある人がなぜ仕事のあとにそのような贅沢《ぜいたく》をするのかと訊《き》くと、人間というのは毎日毎日を仕事に心を煩《わずら》わせて慰《なぐさ》むこともない、たとえ他に何かの楽しみを持ったとしても、常に頭の中にはどうやって利益を出そうかという考えがあって離れず、心の慰めにはならない、ただ夜に眠ることばかりが慰めなので、休むときだけはせめて贅沢をして心を養っているのですと答えた」

飴屋忠七のような「小商《こあきな》い」は江戸で五、六十万人ほどいた。そのおよそ半数が天秤棒《てんびんぼう》を担《かつ》いで荷商《にあきな》いをする「ぼてふり」と呼ばれる行商人であり、残りの半数は「三寸《さんずん》」と呼ばれた屋台商だ。一尺三寸（約39センチ）の幅の台の上に商品を並べて売るので、口の悪い江戸っ子が「三寸」と呼んで蔑《さげす》んだ。

「肩荷づる天びんぼうもおいつかず
稼いで汗をふくの神には」（唐衣橘州《からごろもきっしゅう》）

「稼ぐにおいつく貧乏なし」という諺《ことわざ》を織り込んだ狂歌だ。

小商いの多くが働いても働いても食べていくのがやっとという貧しい暮らしを送っていた。幕府が「その日暮らしの者ども」と呼んでいる人たちだ。

そこから抜け出して「金持ちになりたい」「商売で成功したい」という思いから知恵やアイデアを絞って売れる商品を開発した者だけが「富商」にのし上がれた。

江戸時代の豪商や富商も創業者が小商いであった例は少なくない。

江戸の商人教育

本編に入る前に、江戸の流行とヒット商品を生み出す原動力となった商人たちの「商人教育」について触れておきたい。

江戸時代に商人を志したのは商人の子はもちろんだが、他の多くが農民の次男や三男だった。自作農は土地の細分化を防ぐために長男が農地を相続する。次男以下は地主の小作農になるか村を出て商人や職人になるしかなかった。

商人の道を選ぶ者は十三、四歳になると、商人として成功するという大志を抱きながら商業が発展した都市に向かった。

老舗《しにせ》の豪商になると、分家の子弟を優先的に採用し、これを「譜代の雇《やと》い人」とした。それでも人数が足りない場合に、外部採用を行った。

外部採用の場合には長男は除き（家を継ぐために中途退職する可能性があったからだ）、次男以下を採用した。身元確認のためにコネがある者を優先し、採用の際には親と親類の連判による誓約書を求める例が多かった。

このような具合で、世間で名を知られた越後屋のような大商店に採用されるのは容易ではなかった。

採用されると、江戸では「小僧《こぞう》」と呼ばれ、大坂では「丁稚《でっち》」と呼ばれた。

小僧、あるいは丁稚の時期は五年間ほど続く。店に住み込んで給料はなしだ。夏は麻布《あさぬの》の着物一領《りょう》（一揃い）、冬は木綿服一領が支給され、食費は店が持つ。休み（藪《やぶ》入り）は正月の元旦（旧暦の一月十六日）だけだ。時代劇のシーンでよく見るもう一日の藪入り（旧暦の七月十六日）の休みは商店の小僧や丁稚にはなかったのだ。

勤務し始めてからの二、三年は店内の掃除や主人、番頭のお供《とも》、使い走りなどの雑用ばかりだ。閉店した後に店の費用で近くの塾に通い、読み書きそろばんを習った。
十六、七歳頃になると、半人前とみなされて、商い業務にかかわらせてもらえる。江戸時代の初期には、行商を覚えさせるために早朝から天秤棒を担《かつ》いで唐茄子《とうなす》や蜆《しじみ》などを売り歩かせた。利益が目的ではなくて商いを覚えさせるための訓練だった。店側はその成績によって小僧の能力を判断し、十八、九歳頃には優秀な者を江戸では「手代」、大坂では「番頭」に昇進させたらしい。
先輩小僧のイジメに耐え、手代のパワハラに耐え、寒暑《かんしょ》や空腹に耐え、「商いは耐えることなり」と、身をもって覚えるのだ。現代の若者ならば「とんでもないブラック企業だ」と、一日で逃げ出すはずだ。

手代となっても二年ほどは小僧と待遇は変わらないが、先輩手代の下について店先に出て商いに携《たずさ》わる。また、外商に出たりもする。小僧の前で威張り、顎《あご》で使い、イジメたりするのもこの層だ。

手代を二、三年務めるとわずかだが俸給をくれる大店《おおだな》もある。また自宅からの通勤を認められたり、結婚も許される。これで一人前だと認められたことになる。

小僧から奉公を始めて十年を「年季奉公」といい、有能と認められれば番頭頭《がしら》とか支配人に抜擢《ばってき》される。あるいは分家（俗に暖簾《のれん》分け）を許されて独立することもある。大店ともなれば主人は奥座敷にいて店の営業は番頭頭あるいは支配人に任せきりなのが多い。このために支配人の横領などの不正であったり、暇《ひま》な主人が道楽にのめり込んで借財を背負ったことによって店が潰れたという例も少なくない。

商人の教育制度について大雑把《おおざっぱ》に書いてみたが、業種や店によってそれぞれ特色があったことは言うまでもない。店によっては創業者が作った家訓などもあったが、後継者たちがそれを忠実に守ったかどうかはわからない。

現代も立派な社訓を掲げている企業が数多くあるが、とうに創業者の社訓を忘れてしまっている経営者も少なくないだろう。社訓を読んだこともなければ関心もない社員もいるだろう。今や社訓などというものが空念仏《からねんぶつ》なっているのをみると、江戸時代の家訓などもたんなる飾り物にすぎなかったのではなかろうか。

話は少し逸《そ》れるが、江戸の商家では娘を「行儀見習い」として武家奉公に出すのが少なくなかった。江戸城の大奥や諸藩の江戸藩邸に女中として勤務させて武家方の行儀作法を学ばせるのだ。その職務は正夫人や側室の世話係であり、運が良ければ殿様の目に留まって側室になれる可能性もあった。将軍の側室になるのは江戸に流行した富くじに当たるような低い確率だったが、およそ三百藩といわれる諸藩の藩主の側室になれる確率はそれよりはるかに高い。

娘本人にも両親にも藩主の側室というポストは憧《あこが》れの的であったらしい。文政《ぶんせい》年間（1818～30）にある藩が藩主の側室を公募したところ、百人を超える娘が応募したという。いっぽう西日本では中国地方や四国地方から大坂の大店に行儀見習いに出る娘が多かった。淡路島などでは大坂の商家で年季奉公をしない女性は結婚が難しかったという。

江戸の商人は大坂の商人としばしば比較される。そもそもの違いは江戸は幕府があって武士中心の人工都市であるのに対して、大坂は日本から物資が集まる商業都市として発展したという歴史的な由来によるだろう。

江戸の商業は幕府や諸藩の江戸藩邸の武士階級の消費に依存しているところが大きい。明治二十八年（1895）三月十日付の「大阪経済雑誌」は、商人気質について次のような記事を書いている。面白いので引用しよう。

「東京の繁盛は大名のおかげである。今は役人のおかげであるけれど、大阪では昔に大名に金を貸して損をしたものが多い。今も金を使う役人は大阪を素通りにするから、東京のように大名や役人を少しもありがたがらない。であるから東京にあっては商売人の腰が低く、大阪は町人を大事にする。

いくつかその例を挙げよう。

東京　町人を素町人《すちょうにん》と呼ぶ　　大阪　町人様という

東京　大名に這《は》い拝《おが》む　　大阪　大名のほうから手で拝む

東京　役人にこびへつらう　　大阪　役人のほうから町人にお世辞を言う

東京　客に対して『ヘイヘイ』と言う　　大阪　客のほうから『お邪魔でした』と言う

東京　小さい商いをする　　大阪　大きい商いをする

このようだから東京の商人は客に対しての挨拶でも『大いにありがとうございます』と言う。しかし大阪の商人は『ヘン』とそしらぬ顔をして『ヨ〜おいでやす』と言うのみ。けだし東京は小売りをおもにして、大阪は大商いをするのに慣れているためであろう」

現在でも東京と大阪の商人気質の違いは残っているが、それについて突っ込むのは本書のテーマから外れるので止めておこう。

※本書には、現代では差別的と解釈されかねない表現をそのまま表記した箇所がありますが、当時の文献を忠実に引用するため、作品の世界観を損なわないためであり、その他の意図は一切ないことをお断りいたします。
また、本文中の表記（漢字など）や年代には、文献によって差異があるものが含まれますが、本書では基本的に原本に基づいて表記しております。表記の上で現代と異なる場合もございますが、その点はご理解ください。

尚、本文中の年代表記は「和暦」を使用しております。
＊は著者注釈です。

（編集部）

目次

【番外編】

※【江戸時代の貨幣換算】
　本作品中には江戸時代の貨幣表記が度々登場するが、江戸二百六十五年の間には貨幣価値の変動があり、現代の貨幣価値に一律に換算することはできない。
　そこで、便宜上左記のように取り決めた。現代と比べて当時の商品がどのくらいの価格だったかという参考値としていただきたい。

一両＝銀60匁《もんめ》＝4000文＝10万円
銀一匁＝1666円　　一文＝25円

1、消費者心理をついて豪商・富商へとのし上がった小商人たちの巧《たく》みな経営手腕

◎大量仕入れ大量販売で成功した「酒屋の豊島屋《としまや》」

寛保年間（1741〜44）

巧みな経営で豪商にのし上がったのが神田鎌倉河岸《かまくらかし》（江戸城本丸に最も近い荷上場）に店を構えた豊島屋だ。

豊島屋は慶長《けいちょう》年間（1596〜1615）の徳川家康の江戸城構築の際に、集まった職人や人足にどぶろくや白酒《しろざけ》を飲ませる屋台店だった。創業者は江戸の豊島郡から出たらしい。代々、当主は十右衛門《じゅうえもん》と名乗った。

店の場所は現在の千代田区内神田二丁目で、当時は鎌倉河岸と呼ばれていた。鎌倉からの石材を運ぶ船が江戸湾から隅田川、日本橋川と入り、ここで陸揚げされたので、そのように

呼ばれたという。

江戸城の建築工事が行われたときには、そこで働く人々に水や茶や酒を商《あきな》う屋台店が河岸に多数並んでいたらしい。縁台を置き、筵《むしろ》囲いの粗末な店だったと想像できる。豊島屋もそういう屋台店の一つだったが、数代に渡りこつこつと金を貯《た》め、周辺の地所を買っては店を大きくした。

寛保《かんぽう》年間には神田鎌倉町一帯を豊島屋が占《し》めて、白酒、酒、味醂《みりん》、醤油などを販売するいっぽう両替店も経営するようになっていた。

安永《あんえい》年間（１７７２〜８１）に当主となった十右衛門がなかなかの知恵者だった。松平定信《まつだいらさだのぶ》による「寛政《かんせい》の改革」（１７８７〜９３）では、勘定奉行である久世広民《くぜひろたみ》の相談役の一人に選ばれて協力している。今でいえば改革派の経営者だ。


そのころの酒屋や醤油屋は酒や醤油は樽で仕入れて、一斗《と》、二斗という「斗売り」で売っていた。「一合売り」とか「二合売り」を嫌い、そういう少量の酒を飲みたい者は居酒屋で飲めと酒屋は威張っていた。

十右衛門は、そういう商慣習を見直し、店頭で「合売り」を行い、その日暮らしの貧しい庶民でも酒や醤油を買えるようにした。

しかも酒も醤油も安物ではない。大坂から取り寄せる高級品だった。

さらに「酒は元値でよい、樽で利益をあげるのだ」と言って、酒の値段を下げて、店内でも酒を飲めるようにした。

このころ酒樽の値段は一樽当たり一匁《もんめ》（約1700円）から一匁三分（約2200円）ほどだった。けっして高い値段ではないが、樽売りをしたものは、空き樽を安い値段で買い取り、転売して利を稼《かせ》いだ。

さらに店の隣に居酒屋を作り、酒が飲めるようにした。酒で大きな利益を得るつもりはないから、一合の注文があれば、一合よりもやや多めに注いで燗《かん》をし、冷《さ》めないように湯桶に入れてだした。しかも関東近辺の安酒ではなく、上方《かみがた》から仕入れた高級品だった。

「寛保のころからは大名の御用酒をおおせつかり、旗本や役人の集まりでも豊島屋の酒樽がないことはない。そのために麹町《こうじまち》や四谷、青山、本郷あたり、小石川、番町、小川町あたりの屋敷からも遠方を苦にしないで注文があり、車力《しゃりき》や馬足《ばそく》にて積み送る」（「我衣《わがころも》」）

経営の苦しい酒問屋が在庫品を割引して豊島屋に酒を卸《おろ》した。

「新堀《しんぼり》や新川《しんかわ》の酒問屋でも、金回りの良くない問屋は元値を引いても豊島屋に積み送るが、何百駄と送っても返品がない。上方からの着船しだい酒を送ると約束して前金を借りる問屋もある」

豊島屋は「大量仕入れ大量販売」という新しい商法を作り出した。大量仕入れにより問屋からの仕入れ価格も安くなり、安い小売価格で販売することが可能になった。

「我衣」の作者加藤曳尾庵《かとうえびあん》は、「これは醤油の掛け値なし安売りの元祖なり」と書いているから、豊島屋商法は醤油業界まで及んだことがわかる。

酒の肴《さかな》にと作ったのが豆腐田楽《でんがく》だった。自分の店で豆腐を作り、店の横で田楽を売り出したのだ。このころ一丁（＊現在の一丁の約4倍の大きさで約1200～1600グラム）が二十四文（600円）だった豆腐を十四個に切り、串刺しにして味噌を塗ってから焼いた。屋台で売られているよりも大きな田楽が一串二文（50円）だった。

「これも元値段であり、味噌と人は外物《そともの》なり」

と記録にあるから、味噌は他から仕入れ、田楽作りは専門の人間を雇《やと》ったようだ。

酒を売るために、田楽も大きく安くしてサービスした。

「荷商人《にあきんど》、中間《ちゅうげん》、小者、馬士《まご》（＊馬引きのこと。馬子ともいう）、駕籠舁《かごか》き、船頭、日雇い、乞食の類《たぐい》が多く集まり、門前に自分の売り物を置いて、店の中で呑《の》む」

と大繁盛した。

これまで一部の金持ちの嗜好品《しこうひん》だった高級酒を庶民にも飲めるようにしたのだ。

文化《ぶんか》年間（1804〜18）になると、豊島屋は毎年二月二十五日に雛《ひな》祭りの白酒として、一日だけ白酒を売り出した。

白酒とは蒸したもち米を味醂に浸《つ》けて臼《うす》で挽き、これを発酵させた酒だ。桃の節句の雛祭りの時に供《そな》え、また子どもが飲むものだった。たった一日限りの限定品としたのが、かえって人気を呼んだ。

「享和雑記《きょうわざっき》」（柳川亭《やながわてい》）にその人気が書かれている。

「三月節句前に白酒を売り出すと、人々は先を争い、これを求めることが異常なくらいである。およそ商品は数多くあるけれども、豊島屋の白酒ほどにみんなが望むほどの品はない。このために店先が大混雑するのは言語に絶するほどである。だから、いったん中に入れば出ることもできないし、やってきた者が中に入れないくらいである。いやがうえにも人が重なり、そのために店の前の通りが通れないありさまである。怪我人がでることもたびたびである。この白酒を求めてわざわざ数里の遠方からやってきて、店の前の混雑を見て近寄ることもできずに空《むな》しく帰る人も少なくない」

「限定販売」は消費者の競争心理を煽《あお》り立てる。また、貴重品であるというイメージを与えるから、消費者はいっそう欲しくなる。

豊島屋十右衛門がそこまで消費者心理を理解していたかどうかはわからないが、「限定販売」という新商法を考えついたのは彼が最初だ。

さらに豊島屋を有名にしたのは「樽廻《まわ》し」と呼ばれた芸だ。

早朝になると店の前の河岸に四斗樽を積んだ荷船がやってくる。これを従業員が軽々と担《かつ》いでリレー式に次の者に投げ渡して倉庫に納める。

夕方には空き樽を回収するために荷船がやってくる。これもリレー式に倉庫から荷船に移すのだが、そのさいに従業員が空樽を使って曲芸を見せるのだった。

この樽廻し芸が見事だといって、大勢の見物人が集まった。挿絵はその樽廻しの場面だ。これも店の宣伝に一役かっていた。

豊島屋は次の代の十右衛門の時代、文政《ぶんせい》年間（1818～30）に大名貸しが焦《こ》げ付き破《は》綻《たん》してしまった。その後に分家が跡を継いで酒屋として再出発し、現在は東京神田猿楽町《さるがくちょう》に本社を置いて、東京でもっとも古い酒店として頑張っている。

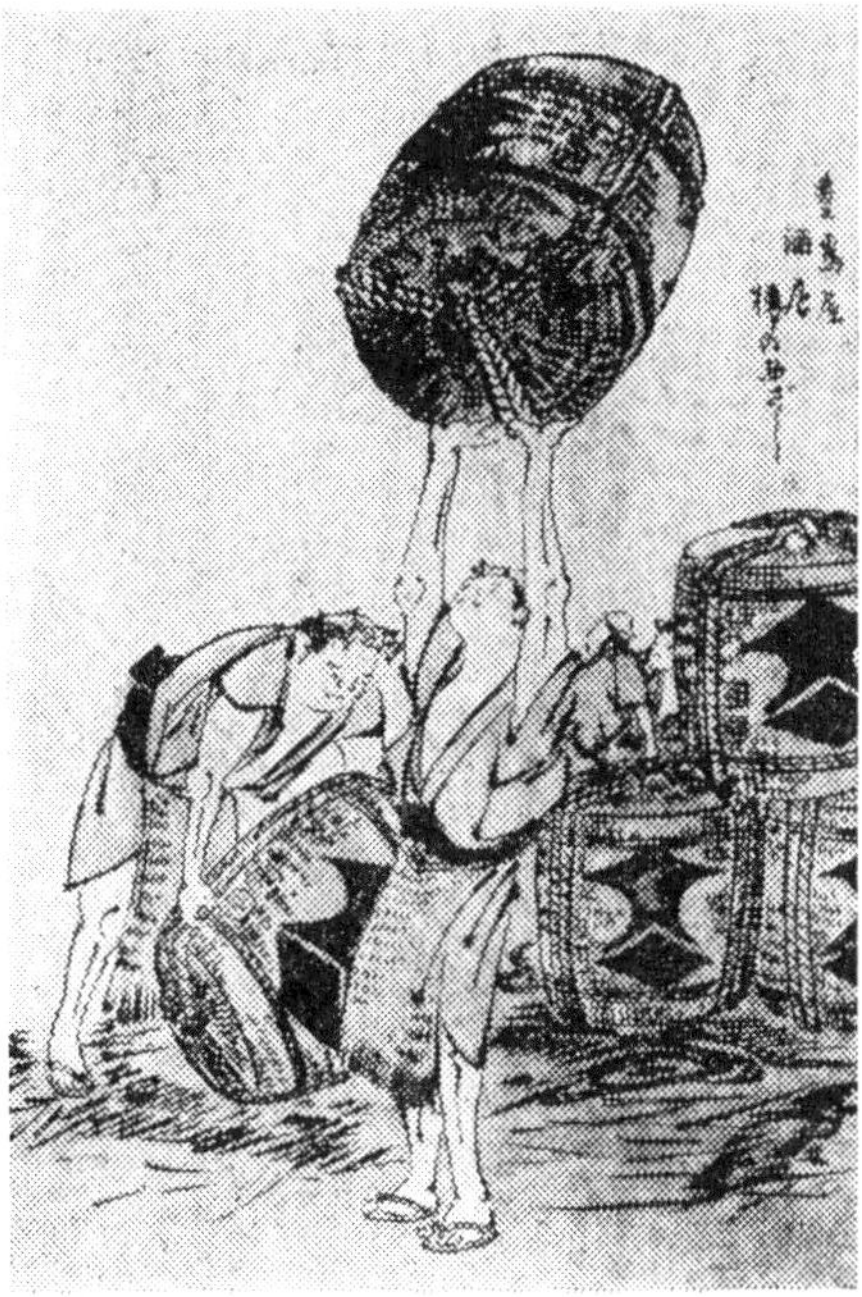

（菊池《きくち》貫一郎《かんいちろう》「絵本《えほん》江戸《えど》風俗《ふうぞく》往来《おうらい》」）

◎技術革新が生んだ高級品ブームの先駆け「大明頭巾《たいみんずきん》」

宝暦元年（1751）

「我衣《わがころも》」の作者は、

「宝暦《ほうれき》元年、大坂より中村富十郎《なかむらとみじゅうろう》という女形《おやま》が下《くだ》る。寒風を防がんために紫縮緬《むらさきちりめん》にて帽子を製したり。時の若き女がこれを被《かぶ》りたり。男も被る者あり。そのときの人はこれを大明頭巾と云《い》う。はなはだ見苦しきものなり」

と、苦々《にがにが》しげに書いている。

守旧派が流行を敵視するのはいつの時代でも同じだ。守旧派、特に高齢者世代からすれば、どのような新しいファッションもはなはだ見苦しく見えるようだ。

「頭巾」とは本来は寒さを防ぐために頭から顔まで覆《おお》う布だ。俗には「被り物」と呼んだ。古くは女性が布切れを頭からすっぽりと被るような物であったが、仕立て屋たちがそれぞれ創意工夫してファッション性と利便性を備えた頭巾を作り出した。

江戸時代の百科事典ともいえる「嬉遊笑覧《きゆうしょうらん》」（喜多村信節《きたむらのぶよ》）には五十一種もの頭巾の名が

挙げられている。もはや寒さを防ぐという機能を超えて女性のファッションの一部となっていた。その数の多さから見て、次々に新しいタイプの頭巾が作られて、流行《はや》り廃《すた》りが激しかったことがうかがわれる。映画やテレビの時代劇で困るのが、特に女性の髪形や被り物だ。それによって江戸時代のいつの時期かがわかってしまう。このために時代考証に詳しい専門家の手を借りなくてはならない。

名女形である中村富十郎が中村座の「赤沢山角力日記《あかざわやますもうにっき》」に北条政子役で出たのは宝暦二年冬のこと。江戸に下ったのは舞台に出る一年前の宝暦元年末かも知れない。富十郎が舞台ではなく、往来を寒さしのぎに紫縮緬の頭巾を被って歩いているのを見た人たちが、

「まあ、すてき」

と、さっそく紫縮緬の頭巾を被ったという。これが防寒用具として重宝がられたが、アクセサリーとしてもヒットした。

明の高祖が被っている被り物に似ているというので、「大明頭巾」と呼ばれたという。高祖とは中国の初代皇帝につける尊称で、明の高祖とは洪武帝《こうぶてい》のことだ。その肖像画で観ると、現代のニット帽に似た帽子を被っている。頭部をすっぽりと覆う点が似ているので大明頭巾と呼ばれたようだ。「大明」に「だいみょう」とルビをふるのが見られるが、「たいみん」と

ふるのが正しいようだ。

それまでにも宗十郎頭巾とか瀬川帽子とか、歌舞伎の上方の女形役者から流行したものが多い。彼らというべきか彼女らというべきか、そのファッションは江戸の女性たちの注目の的《まと》であった。それを意識している女形役者たちはそれぞれファッションに工夫を凝《こ》らし、女性たちの目を惹《ひ》きつけようとした。

31ページの挿絵は若い女性が大明頭巾をかぶっている全身像だ。頭から両肩まで頭巾で覆い、面《おもて》だけを見せている。「我衣」の著者は「むさくるしい」と否定的だが、流行するには流行するだけの理由があったのだろう。

第一にそれは高級布地の縮緬《ちりめん》であったことだ。

縮緬は天正《てんしょう》年間（1573〜92）に中国の職工が堺に来て製法を教えたが、高級品だったために一般には普及しなかった。天和《てんな》年間（1681〜84）になり、堺の織物業で技術革新があって紋縮緬《もんちりめん》や縞縮緬《しまちりめん》が織《お》れるようになり、この技術が京都の西陣織業者や丹後地方の織物業者に伝わったという。享保《きょうほう》年間（1716〜36）の初期に高級反物《たんもの》として織られるようになり、様々な色や模様の衣類が作られるようになった。ただし、贅沢《ぜいたく》を戒《いまし》める将軍吉宗の治世下だったから、むしろ高級反物を生産する西陣の織物業者は苦境に追い

1、消費者心理をついて豪商・富商へとのし上がった小商人たちの巧みな経営手腕

（西川祐信（にしかわすけのぶ）　「絵本浅香山（えほんあさかやま）」）

込まれた。

さらに享保十五年（1730）六月の京都大火によって、西陣の織物業者も大きな被害を受けた。三千機の織機が失われたという。

将軍吉宗は延享《えんきょう》二年（1745）九月に隠居して、その子、家重《いえしげ》が将軍に就《つ》くが、吉宗は隠居後も「大御所」として実権を握っていた。だがついに寛延《かんえん》四年（1751）六月二十日に吉宗は死去した（＊寛延四年は十月二十七日に「宝暦」と改元）。

贅沢華美を禁じて、質素倹約を説《と》く吉宗の死は、禁欲疲れの庶民には禁欲からの解放の祝砲のように感じられただろう。

その死からまもない冬に、高級布地の縮緬で作られた大明頭巾に女性たちがワッと飛びついたのも、長い禁欲からの解放感があったからだといえそうだ。それまでは実用に即した木綿の頭巾を被っていたのだ。西陣の着物は高価で買えないが、頭巾ならば買えるという町娘たちが買ったようだ。

とにかく贅沢品禁止の禁欲政治は享保元年（1716）から吉宗の死まで三十六年間も続いたのだから、その反動はかなりのものだったと想像できる。

このころの西陣に目を向ければ、大火前には約七千機あった織機は四千機に減ったが、約千二百軒の業者は株仲間を結成して縮緬の独占的生産を行っていた。

そして、流行の第二の理由は同じ紫色でも青みの強い江戸紫ではなくて、赤みの強い京紫であったことだ。政治の中心が江戸に移ったとはいえ、京都のファッション業界はあいかわらずブランド力を持ち続けていて、江戸の女性の憧《あこが》れだった。

儒学者の太宰春台《だざいしゅんだい》が、

「近頃は髪少なく、短きをよしとする風俗になり、髪が多い女は髷《まげ》の内をあるいは切り、あるいは剃《そ》って少なくする、この風俗は京の婦女より移りきたれり。このことに限らず、男女の風俗、言葉遣い、物の名まで近頃は京に似たること多い」

と言うように、まだ江戸では京都の女性のファッション文化を先進地と見て後追いする女性が多かった。

この西陣ブランドの京紫であることが人気を呼んだのだ。

こののち「大明頭巾」は左右の垂《た》れが肩の下まで伸びた頭巾になり、着物の小袖《こそで》を連想させることから「小袖頭巾」と呼ばれ、さらに「御高祖《おこそ》頭巾」と呼ばれて幕末まで続く。幕末期を背景にした時代劇で女性剣客が被って登場してくるのがこの「御高祖頭巾」だ。日蓮上人が被っている頭巾に似ており、彼が日蓮宗にあっては「高祖」と呼ばれていることから

「御高祖頭巾」と呼ばれたという。

この頭巾は冬の寒さ除《よ》けにもなったし、風によって髪型を崩されないという利点もあった。さらに素顔を見せないことで、男性の関心を惹くというマスク効果もあったろう。のちの風俗の取り締まりが厳しくなった「寛政《かんせい》の改革」(1787〜93)のときには、取り締まりをくぐり抜けて被る者もいて、金銀や鼈甲《べっこう》やクジラの骨などを材料とする髪飾りなどの高級品を隠すのにも役立った。

安永《あんえい》・天明《てんめい》年間(1772〜89)の高級品ブームでは、男女ともに縮緬製の衣料品が流行した。

京都西陣の織物業者にとっては、「大明頭巾」は業績低迷から抜け出すきっかけとなった。縮緬頭巾が贅沢品指定を受けなかったことから、様々な縮緬製品を作り出し、江戸に送り出した。

「寛政の改革」により縮緬製品が贅沢品に指定されるまでに業者の数は二倍の二千百二十軒に達した。この繁栄の引き金となったのが大明頭巾の流行だった。

◎無名の狩野派画家がブームに火をつけた「役者絵」

宝暦年間（1751〜64）

「俗事《ぞくじ》百工《ひゃっこう》起源《きげん》」に、

「歌舞伎役者写真画の事は、宝暦のはじめのころ、画工の鳥山石燕《とりやませきえん》といえる者が白木の粗末《そまつ》な長さ二尺四、五寸、幅八、九寸の額《がく》に、女形の中村喜代三郎《なかむらきよさぶろう》の狂言似顔絵を描いて、浅草観音堂のうち、常香爐《じょうこうろ》の脇に立っている柱に掛けた。諸人《しょにん》は珍しいことだと言い合って、たいそうな評判となった」

とある。

これがきっかけとなって役者絵ブームが起きた。役者絵、つまり現代でいえば人気俳優のプロマイドだ。

すでに貞享《じょうきょう》・元禄《げんろく》年間（1684〜1704）に浮世絵師たちが役者絵を描いていた。「嬉遊笑覧《きゆうしょうらん》」によれば延宝《えんぽう》・天和《てんな》年間（1673〜84）に一枚絵（＊絵本になっているものに対して紙一枚に刷った浮世絵）が作られており、元禄年間には盛んであったという。

「一枚絵は延宝・天和のころのものを見るに、その紙は美濃紙よりも大きくて厚く、武者絵を丹《たん》、緑青《ろくしょう》、黄土《おうど》の色で描いている。そのほかに相撲の力士や遊女らの絵もあり、歌舞伎役者の絵もある。歌舞伎役者の絵は特に元禄ころから多くなった」

元禄年間に歌舞伎役者の絵が多くなったのは、初代市川團十郎《いちかわだんじゅうろう》の人気が沸騰したためだろう。

戯作者《げさくしゃ》の山東京伝《さんとうきょうでん》は書いている。

「元禄年間に勘三郎座（中村座）で團十郎が荒事《あらごと》の役を務め、キリの舞台で狂言の鍾馗《しょうき》大臣の役となって大当たりをした。その姿を描き、鍾馗大臣團十郎と口上を言いながら巷《ちまた》を売り歩く。自分は七、八歳のころであったが、珍しくて五文（１２５円）ずつで買った。このときから他の役者絵が流行《はや》りだしたのである」（「近世奇跡考《きんせいきせきこう》」）

役者絵が売れるようになったのが元禄年間、初代市川團十郎のものが売れるきっかけとなったことはまちがいないだろう。

とはいえ、山東京伝の話はおかしい。

京伝は宝暦十一年（１７６１）の生まれであり、七、八歳のころといえば明和《めいわ》五、六年（１７６８、６９）にあたり、初代團十郎が舞台の上で役者の生島《いくしま》（杉山《すぎやま》）半六《はんろく》に刺殺されたのが元禄十七年（1704）二月十九日。京伝が生まれる約六十年ほど昔であり、初代團十郎の役者絵がまだ売られていたとは思えない。

明和六年といえば、初代團十郎に劣らない名優とうたわれた五代目團十郎が父である四代目團十郎の名跡を襲名し、四代目が松本幸四郎《まつもとこうしろう》に復した前年だ。

京伝が買ったというのは四代目か五代目かの團十郎の時代であり、その役者絵だったと思われる。京伝にはほら吹き癖があるから、初代團十郎の役者絵を買ったというのはホラか記憶違いのどちらかの可能性がある。

39ページの挿絵は初代市川團十郎の役者絵だ。単色刷りで、顔は他の團十郎を描いた絵とは似ていない。米俵を二俵も背負いながら立ち回りを演じる「荒事」と呼ばれた怪力ぶりに人気が集まった。

学者である宮川政運《みやかわまさやす》はこう書いている。

「そのころは一枚絵といって、役者一人を紙を三ツ切りにして、狂言の彩《いろど》りを三、四遍刷りにして、肩に市川海老蔵、または瀬川菊之丞《きくのじょう》などと名を記すばかりであって、顔は少しも似ていない。一枚四文ずつにして売っていた」（『俗事百工起源』）

享保年間はじめに摺師《すりし》の和泉屋権四郎《いずみやごんしろう》が紅粉《こうふん》を使って紅絵《べにえ》という絵を売り出したことから、

摺師たちの工夫で多色刷りが開発された。

　鳥山石燕が浅草観音堂に額を寄進したときには浮世絵全般に多色刷りが広まり、その綺麗さから「錦絵」と呼ばれるようになっていた。

　石燕は狩野派の画家である狩野玉燕《かのうぎょくえん》について絵を学んだというが、このころには狩野派の画家も伝統画風では食べていけず、人気のある浮世絵を描くようになっていた。

　彼は芝居の看板描きで生計を立てていた。同時期には勝川春章《かつかわしゅんしょう》とその弟子たちが役者絵を描き、売れっ子画家だった。まだ無名だった石燕は役者たちの芝居を観る機会もあって、その素顔や個性も知り抜いていた。そして勝川派の役者絵に生々しい個性が描かれていないことに気づいたのだろう。

　そこで彼は人気女形の中村喜代三郎のリアルな似顔絵を描き、多数の人々の目につく浅草観音堂に飾ったのだった。

　現在でも寺社の参道の左右に建てられている灯籠《とうろう》などに寄進者の名前や会社名が刻《きざ》まれているのは信仰心もあるだろうが、広告宣伝が狙いでもある。

　彼の狙い通り、この絵のリアリティーは観た者たちに新鮮な驚きを与えた。この絵がきっかけとなって石燕は一躍売れっ子の役者絵作家となった。

1、消費者心理をついて豪商・富商へとのし上がった小商人たちの巧みな経営手腕

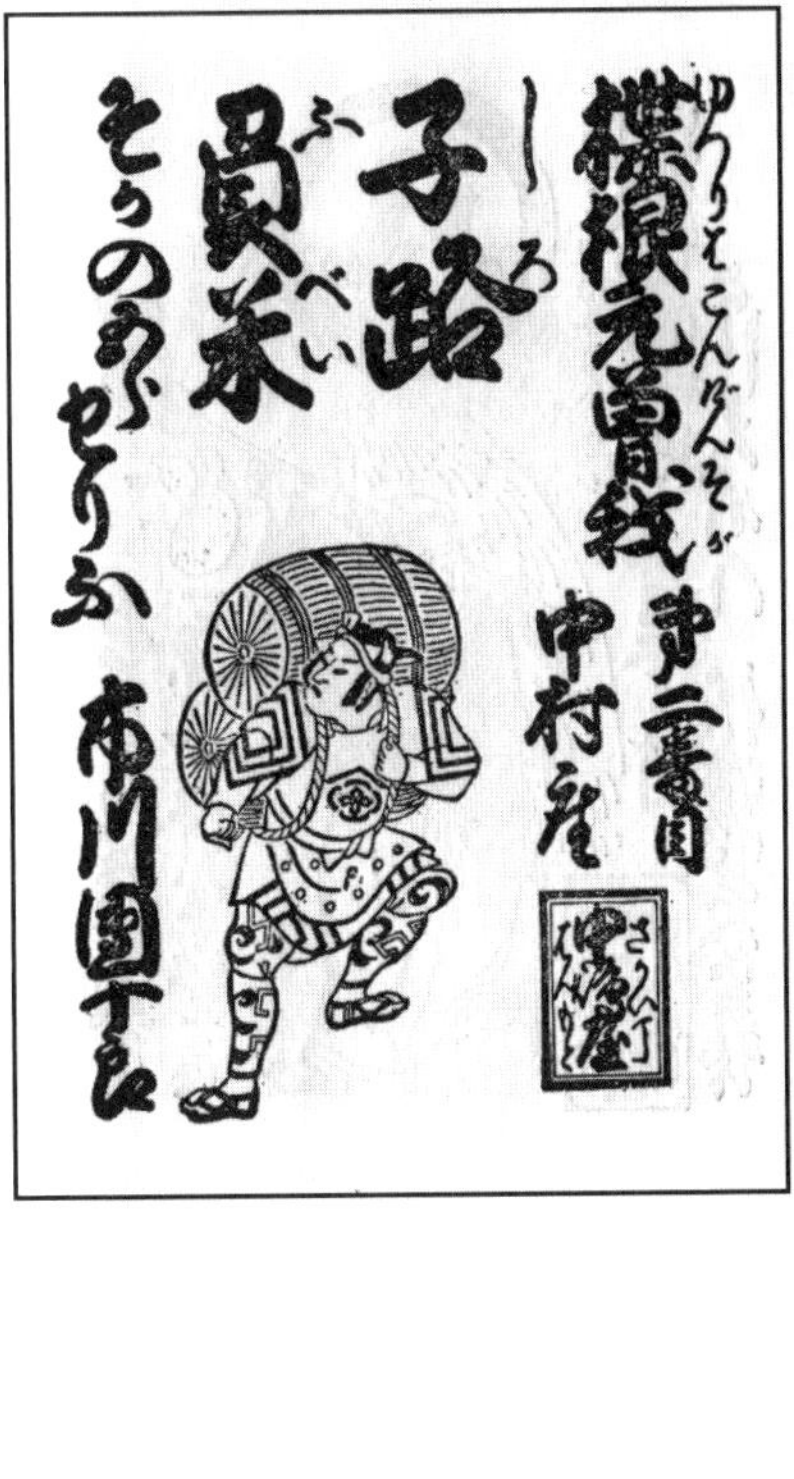

（瀬川《せがわ》如皐《じょこう》　「牟芸古雅志《むぎこがし》」）

尾張藩の儒者である小寺玉晁《こでらぎょくちょう》は天保《てんぽう》十二年（１８４１）に藩主に従い江戸に行った。しばらく滞在して江戸見物をしたときの記録が「江戸見草《えどみぐさ》」という日記だ。

「水野正信、加藤なにがしと三人で連れ立ち、葺屋町《ふきやちょう》（現在の中央区日本橋堀留町一丁目・同日本橋人形町三丁目）の芝居を見物した。次の頁《ページ》に掲載している似顔絵はのちに絵草紙屋で購入したものであるが、ふたたび芝居小屋に入ったような気がするほどあまりにもよく似ているので綴《と》じたのである」（41ページ挿絵参照）

当時の人が驚くほどに役者たちとそっくりだったという。幕末の人々が写真を見て驚いた時と同じような衝撃を受けたようだ。

商魂たくましい錦絵の版元が見逃すわけがない。「役者絵は売れる」と見込んで、錦絵画家に役者のリアルな似顔絵を依頼する時代となった。

役者絵人気は大正・昭和年間のプロマイド人気と同じだ。江戸時代でもコレクターがいて、交換会などがあった。

勝川派の家元である勝川春章までもが版元の注文で石燕風の写実的な役者絵を描くに至った。画家や版元が競争する中で、紙質が良くなり、色も単色刷りから多色刷りとなり、画も洗練されてきた。

1、消費者心理をついて豪商・富商へとのし上がった小商人たちの巧みな経営手腕

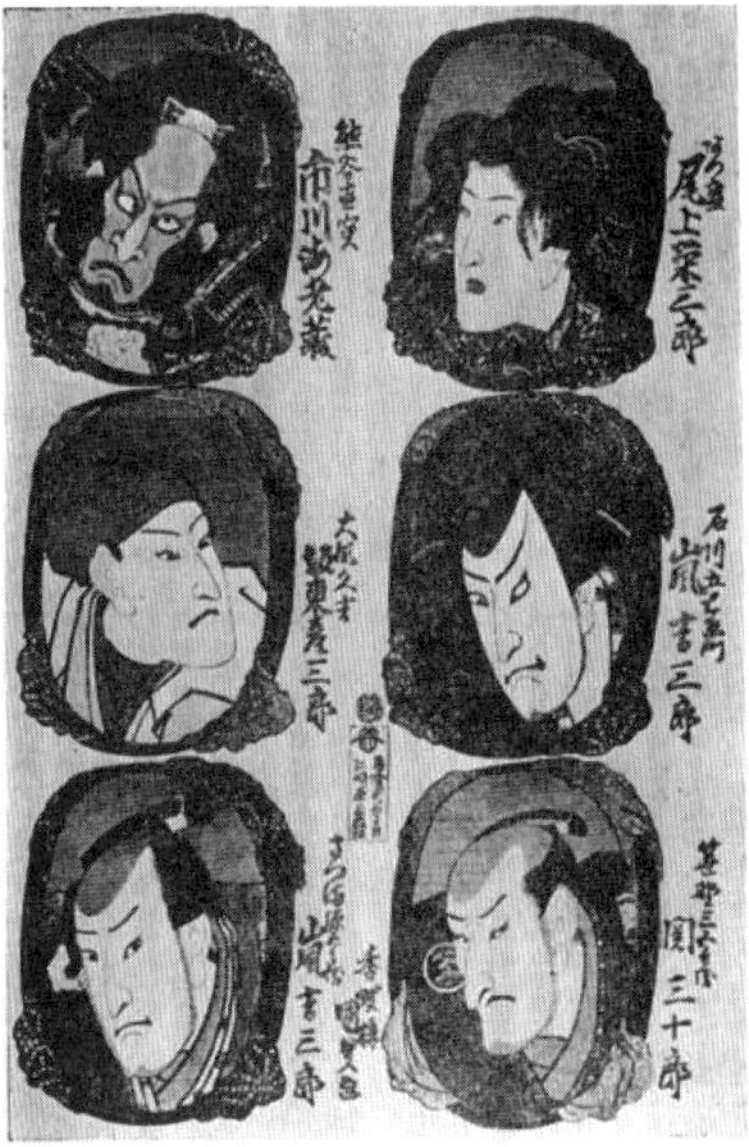

（小寺玉晁《こでらぎょくちょう》「江戸見草《えどみぐさ》」）

他方では役者絵は歌舞伎の宣伝にもなった。上演中の芝居の役者絵が売られることで、芝居の宣伝にもなったからだ。ゲームの人気キャラクターカードが売れることで、さらにゲームが売れるのと同じだ。

その意味では役者絵画家と歌舞伎業界とは持ちつ持たれつの関係にあった。

東洲斎写楽《とうしゅうさいしゃらく》の役者絵が出たのもこの時期だ。彼の正体は今でも謎だが、竜田舎秋錦《たつたのやしゅうきん》の「新増補浮世絵類考」によれば、写楽の本名は斎藤十郎兵衛といい、阿波の蜂須賀《はちすか》家の能役者だったという。役者の内面の個性まで表現しようとして、極端にデフォルメしたために、人気がなく、一、二年で絵を描くのを止めてしまったのだそうだ。

勝川春章の弟子である若い日の葛飾北斎《かつしかほくさい》も生活の資《もと》を得るために描いていた。

いっぽう、勝川春章と人気を二分した鈴木春信《すずきはるのぶ》は、「我は大和絵師である。どうして役者なんぞの絵を描けようか」と言い、生涯役者絵を描かなかった。

鳥山石燕の門弟である喜多川歌麿《きたがわうたまろ》も、

「戯場《ぎじょう》が繁盛し、老若男女にそれぞれ贔屓《ひいき》の役者がいる。これを描いて名を広めるのは易《やす》き業《ぎょう》であるが、役者の威光を借りてまで描くつもりはない。私は浮世絵一派でもって世に名を起こすつもりである」

と言って、やはり役者絵を描かず、石燕のもとを去っている。

葛飾北斎も流行に便乗して役者絵を描きまくる師の勝川春章に疑問を感じて、役者絵を描くのを止めたために破門されている。浮世絵画家たちにとっては、役者絵を描くか、描かないかは、商業主義に乗るか、それとも芸術を貫《つらぬ》くかという重大な問題だったわけだ。

役者絵ブームの火つけ役だった鳥山石燕は名が広まったが、まもなくブームに背を向けて本来の狩野派の画を描くようになった。商業主義に嫌気がさして、芸術家本来の理想を追い求めようとしたのかもしれない。ところが、これが売れない。本業の狩野派の画ではさっぱりだった。

そこで安永五年（1776）、生活のために描いた「画図百鬼夜行《ひゃっきやこう》」がヒットして、次々に妖怪画を描き、妖怪画ブームを巻き起こしたのだから皮肉なものだ。

芸術家にとってはこのようなことは珍しくはない。いや、芸術家だけではない。多くの人が人生において同様の経験をしているはずだ。

◎商売敵《がたき》からの悪口を逆手《さかて》に取った「大文字屋《だいもんじや》のかぼちゃ」

宝暦二年（1752）

「後は昔の物語」に「大文字屋のかぼちゃという唄は流行はなはだしかりき。宝暦二年と覚ゆ」とある。

「大文字屋のかぼちゃ」とは、吉原の遊女屋を経営する大文字屋の主人である市兵衛《いちべえ》に付けられたあだ名だ。

ここな京町の大文字屋は
かぼちゃとさ
その名は市兵衛と申します
せいが低くて　ほんに猿まなこ
ヨイワイナー　ヨイワイナー

子どもたちが唄って江戸に流行した。

さらには、この歌は「かぼちゃ節」と呼ばれて、多くの替え唄が作られた。この唄によって大文字屋の市兵衛は、一躍江戸の有名人となった。

背が低くて小太り、頭が大きくて、かぼちゃのように見えたのだろう。目は「猿眼《さるめ》」（＊猿の落ち着かない目つきのように、ひそかに人の様子を盗み見る目つき）だと、からかわれている。

市兵衛は村田市兵衛といい、伊勢の農家の次男だったという。この時代には長男以外の男子は十三、四歳で家を出て働きに出るのが一般的だったから、おそらくそのころに伊勢を離れ、江戸に向かったのだろう。

江戸の開発にあたり、家康は伊勢や近江の商人を積極的に江戸に招いた。このため様々な業種で「近江屋」とか「伊勢屋」とかの屋号を名乗る店が多かった。彼もまた陳腐《ちんぷ》な言い回しをすれば「青雲の志」を抱いて伝手《つて》を頼り江戸に向かったのだろう。

彼が就職したのはいわゆる一般の商家ではなく、吉原の遊郭だった。そこで地道に働き続け、ついには番頭にまで昇った。この間にコツコツと金を蓄《たくわ》え、独立して揚屋町河岸《あげやちょうかし》（現在の台東区千束四丁目）に「村田屋」という遊女屋を開いた。ところが、開業二年後に揚屋町の遊郭一帯を仕切る元締めと衝突してしまい、揚屋町にいられなくなった。

市兵衛はほかの遊女屋よりも遊女を大事に扱った。このことがほかの遊女屋の経営者たちには気に入らず、元締めに苦情を言われたのが移転した理由だという。

市兵衛は新吉原がある京町一丁目（現在の中央区日本橋人形町三丁目）に移転して、新しい遊女屋を開いた。このときに必ず一家を成《な》そうと決心し、すぐに紺屋《こうや》を呼んで、どんな店名でもいいから、とにかく暖簾《のれん》いっぱいに大きな字で店の名を書きたいと考えた。

「大文字屋」。これこそふさわしいと思いついて「大文字屋」と名乗ることにした。彼が店名にこだわったところをみると宣伝効果にも気を配っていたのがわかる。

ところが、彼の独立を快く思わない揚屋町の遊女屋の経営者らが、昼夜問わず毎日のように店の前を通るときに、「大文字屋の大かぼちゃ！」と悪態をつく。

市兵衛は、

「おれは頭もそれほど大きくないのに大かぼちゃと呼ばれるのは残念なり。これからそんなことを言うやつは捕《つか》まえてわけを問いただしてやる」

と怒った。

これを聞いた番頭の甚助というのが、

「このごろは毎日『大かぼちゃ』と言わずに店先を通らない者はございません。これこそ名も高くなり、商いもますます繁盛する前評判でございましょう。腹をたてることではありますまい」

と諫《いさ》めたという。

「そうかそうか。なるほど。それならばおれが大かぼちゃのうしろに言葉をつけて唄にしてやろう」

と言い、このころ流行《はや》っていた「十二提灯《ちょうちん》」という唄をもじり、「大文字屋のかぼちゃ」という唄を作ったという。

この唄が子どもの間に広まり、店の宣伝になった。「大文字屋のかぼちゃとはどんな男か。一目見たい」という遊客が「大文字屋」にやってくる。大名家のお屋敷勤めの女中衆までもがやってきたという。彼を中傷するつもりの言葉を逆手に取って、自分を人気者にしてしまったのだ。

市兵衛は提灯屋の玉屋に大きな提灯を十二個作らせて、浅草寺《せんそうじ》の開帳の際にこれを寄進した。大きな朱塗りで、胴には白鶴が描いてあった。元唄である十二提灯をシャレて宣伝に使ったのだ。

後に市兵衛は息子にこう語ったという。

「世の中に人間は万事塞翁《ばんじさいおう》が馬《うま》という言葉があるが、この言葉に思い当たったのは自分がかぼちゃかぼちゃとはやしたてられたことである。この唄があちこちで唄われたために家が繁盛した。自分の醜《みにく》いのをそのままかぼちゃと言われたのがめでたかったのである」

悪口を広められたら、たいていはクサる。ところが、彼は「人間万事塞翁が馬」という故事を思いだし、この悪口を幸運に変えたのだ。「ならば、かぼちゃを徹底して宣伝してやろう」と考えた彼はかぼちゃをたくさん買い入れては、かぼちゃ料理を作り、抱えている遊女に食べさせたり、京橋の総菜屋に卸《おろ》したりしていた。

遊客の前で、「私が大文字屋のかぼちゃでございます」と剽軽《ひょうきん》に挨拶し、「大文字屋のかぼちゃ」の唄を唄ってみせて、客を笑わせた。

外出をすると、子どもたちが集まってきて唄を唄ってからかう。すると本人がにこにこしながら唄にあわせて扇を持ちながら踊ってみせた。自分が広告塔となり、店の宣伝に努めたのだ。

文化年間（1804〜18）から天保年間（1830〜44）までの吉原遊郭でのエピソードを聞き書きした本に「閑談数刻《かんだんすうこく》」（駐春亭《ちゅうしゅんてい》宇《う》右衛門《えもん》）というのがある。これに大文

（大田南畝《おおたなんぽ》「仮名世説《かなよせつ》」）

字屋市兵衛の逸話が載っている。

故郷の伊勢に里帰りをしたとき、大勢を連れて、馬引きや駕籠《かご》担《かつ》ぎの者に金を与えてかぼちゃの唄を唄わせた。旅籠《はたご》屋でも飯盛り女たちを呼び、宿の者たちも招き、ともに酒食をし、祝儀を与えて夜更けまで三味線を弾かせて踊り唄って遊んだ。

帰路で奈良の古市《ふるいち》に泊まった時にはいっそう散財した。そろいの浴衣と手拭《てぬぐい》を人々に配った。かぼちゃの唄を唄う者がいると、おおいに喜び土産物などを与えた。帰りの旅も旅籠屋では飯盛り女を呼んで散財したのであった」

豪放磊落《ごうほうらいらく》で、遊び大好き人間だったようだ。芝居と闘鶏《とうけい》に熱中したという。

市兵衛は江戸の名物男となった。彼を描いた様々な絵草紙が売られたというから、役者並みの人気だったようだ。

二代目の市兵衛はその息子だ。大田南畝らの狂歌会に加わり、「加保茶元成《かぼちゃのもとなり》」と名乗った。「かぼちゃのもとで生まれ育った」と洒落《しゃれ》たのだ。

市兵衛は遺言で、戒名《かいみょう》は「釈加保《しゃくかぼ》信士」としてくれと言って亡くなったという。（＊実際の法名《ほうみょう》（浄土真宗における戒名）では「釈佛妙加保信士」となっている）

2、田沼意次《たぬまおきつぐ》の自由放任政策がもたらした江戸のバブル好景気

◎高級品志向の流れの中で下着も進化した「和製パッチ」

明和年間（1764〜72）

「世に逢うは道楽者におごり者
　転《＊》び芸者に山師運上」（＊転び芸者→芸者の売春、山師→詐欺師《さぎし》、運上→営業税）

田沼の治世を揶揄《やゆ》する狂歌だ。

田沼意次の産業や商業の奨励策と自由放任政策のおかげで、明和《めいわ》・安永《あんえい》（1764〜81）の十八年間は江戸の社会風俗が一変するほどの変化があった。

幕府ばかりではなく、多くの藩が財政難を打開しようとして、制限つきではあったが産業や商業の育成に努めたので、農家の副業だった手工業が専門化して、地方独自の特産物を作りだした。

これらの特産物は問屋商人の手を経《へ》て大消費地である江戸や大坂に運送された。問屋商人は手工業的職人を組織化して、製品を作らせる、いわゆる問屋制家内工業を編み出し、生産量を増やしたのだ。様々な分野で商品の改良品や新商品が売られるようになった。不景気なときには高級品の改良廉価《れんか》品が売れ、好景気の時には高級品が売れるのはいつの時代でも同じだ。衣食住のすべてが贅沢《ぜいたく》になった。いや、贅沢というのは非難めいた言葉だから、高級志向になったと言うべきかもしれない。

下着として「パッチ」が江戸で普及したのも明和になってからだ。明和元年に朝鮮通信使（＊朝鮮国王から派遣された祝賀使節）が江戸にやってきた。このときに朝鮮通信使たちが履《は》いていたズボンが朝鮮語で「パッチ」と呼ばれていた。

そのときまで日本人はふんどしの上に股引《ももひき》を履いて、脚には脚絆《きゃはん》を巻いていた。また、股引と脚絆とを紐《ひも》やボタンでつないだものもあった。

朝鮮通信使の「パッチ」にヒントを得た仕立て屋が股引と脚絆を一体化させた「和製パッチ」を作り出した。これが江戸庶民や武士の間に広まった。冬は暖かいし、尻ばしょりをしても見栄《みば》えがよい、実用的で高級品というのと異国風で新鮮だ、というのがヒットした要因らしい。

明和の次の安永年間には女性用のパッチも作られて男女の多くが「パッチ」を履くようになった。

大田南畝《おおたなんぽ》は「一話一言《いちわいちげん》」という書の中で田沼時代の頃の武士の服装の高級品志向について書いている。

「安永天明《てんめい》の初めのころは、島琥珀《しまこはく》の裏付けの上下《かみしも》、夏は仙台平《せんだいひら》、安中平、琥珀平など、その値がいたって高価な物を袴《はかま》として、小身《しょうしん》までもがおしなべて着ていた。麻上下も麻では作らず、竜門《りゅうもん》琥珀麻や太麻などの繭《まゆ》をもって製した。小袖は黒羽二重《くろはぶたえ》に限り、諸太夫《しょたいぶ》（上級職の旗本）は常に白無垢《しろむく》を二つ三つと重ねて着た。

夏は透かし織《おり》や縮《ちぢみ》などの絹縮の上品なのを着た。白紐の菅笠《すげがさ》、黒い木綿で作った合羽《かっぱ》などを誰もが身につけたのである。大小は細身であって、多くは赤銅鍔《しゃくどうつば》を使い、家彫《いえぼり》（＊装剣金工の名家、後藤家で作った小道具の総称）または金無垢《きんむく》の彫りなどで拵《こしら》えた。印籠《いんろう》刀は菊の寿形《じゅがた》といって細長い五重の高蒔絵《たかまきえ》があるのを包み、値段が高いのを自慢した。扇は半開きの形がやさしいのを持った。また外国から輸入された香箱《こうばこ》時計を誰もが懐中にした。夏は白い足袋《たび》を履いた。

まったく泰平の世の武を忘れた風俗であったといえるだろう」

武士が高級ブランド品を競って身に着ける時代となった。

ちなみに反骨の文化人である大田南畝は、

「おれは史記とパッチは持たんぞ」

と粋《いき》がった。

寛政《かんせい》八年（1796）三月に松平定信《まつだいらさだのぶ》が老中補佐に就任して改革政治が始まった。武士に対して学問を奨励したから、あわてて漢書の「史記」を買い求めて読みはじめる者が多かった。「史記」ならば暗記するほど読んでいる、いまさら買って読むかいと南畝は言ったのだ。「史記」と「パッチ」が流行品となっている。流行してるからそれを買うという軽薄さに我慢ならなかったのだろう。

御徒頭《おかちがしら》や目付を勤めた森山孝盛《もりやまたかもり》（源五郎《げんごろう》）は、

「翁《おう》が御番《ごばん》を勤めた明和安永ごろは鼻紙入れに三つ折りにした鼻紙を入れ、女のように懐中におさめていた。そのころは懐《ふところ》の格好が良く見えたものだ。

なお笑うべきは、そのころ男がうがいをするのが流行《はや》ったことだ。饗応《きょうおう》や宴会などに出ても、そこの主人も心得ていて、かならず食事の後にはうがい茶碗を用意してうがいをさせてから挨拶した。また男は女と違って、うがいをするといっても手水鉢《ちょうずばち》の水でするために、

（斎藤彦麿《さいとうひこまろ》「神代余波《かみよのなごり》」）

お客があるときは手水鉢の掃除をして水を新しく入れ替えさせておくのがそれまでだった。女は男のような立ち居振る舞いが出来ないから、納屋や仕舞所《しまいどころ》などで茶碗にうがいをさせて、口の中を清めていたのである。

ところが、女のように鼻紙を三つ折りにして懐にしまい、また食事をした後に茶碗にうがいをして、口をすすぐなど、髭《ひげ》を生《は》やした者どもが女のごとくなる振る舞いのおかしさ。もっとも口の中を綺麗にするのは悪いことではないけれども、年がら年中そういうことをしているのだからおかしくてたまらない。これは三、四十年後には止んでしまった。

そのころもっぱらうがいをした男どもは今でも達者でいて、お役を務め、御番衆《ごばんしゅう》にでもなっているが、今ではうがいしているようすはない。手水鉢の水ですらうがいすることさえしていないようである。それならば当時の口は汚かったのか。今の口は綺麗なのか。その時も今も口は自分の生まれついた口であって、同じ口のはずである」

と皮肉っている。

流行を追っている武士は「通人《つうじん》」と呼ばれ、流行を拒《こば》んでいる武士は「野暮人《やぼじん》」と呼ばれた。通人は短い帯刀を差し、長羽織に足首までの裾《すそ》がある袴《はかま》を身に着けている。55ページの挿絵では右が通人、左が野暮人。

◎若い男たちが一目見ようと殺到した江戸一番のアイドル、水茶屋娘「笠森おせん」　明和五年（１７６８）

神社仏閣の門前や名所には、参詣人や誘客を目当てに「茶屋」が立ち並んでいた。水や茶の他に饅頭や菓子なども売った。

茶屋（＊茶屋のうち建物がある茶屋は「水茶屋」と呼ばれた）の数は年々増加の一途をたどり、寛政年間（１７８９～１８０１）末期には江戸だけで二万八千店とも二万九千店とも言われた。現代では喫茶店やカフェが相当するだろうが、客が休息したり待ち合わせるために、場所を提供し、飲み物や軽食を売る点では変わりはない。

幕府が日没後の営業を認めて、灯火《とうか》を灯《とも》すのと一緒に煮炊きの時間も銭湯の営業時間と同じ夜五つ（午後八時頃）に延長されましたが、許可した代わりに、一店当たり一日五文（１２５円）の営業税をとることにしたのは寛政十二年（１８００）のことだ。これまでは火災を恐れて、飲食店の夜の営業は禁止していたのだが、税収増加のために解禁したわけだ。繁盛している業界から税金を取る、というのは為政者の常套《じょうとう》手段だ。

茶屋が爆発的に流行する端緒となったのが、谷中《やなか》笠森稲荷前の水茶屋の娘である「おせん」だ。

明和五年、おせんは十八歳、鎰屋五兵衛《かぎやごへえ》の娘だった。美人だという評判が広まり、一目見ようと若い男たちが殺到した。

それまでは吉原の遊女や歌舞伎役者の女形が人気だったのが、飾らない市井《しせい》の女性の素朴な美しさに目がいくようになったのだ。若い男性たちは遊女のような飾り立てた美しさに飽きていたのだろう。遊郭の太夫《たゆう》や歌舞伎役者の女形は、いわば「高嶺《たかね》の花」のようなスターだ。これにたいして茶屋娘は茶代さえ払えば身近に接することもできるし、話を交わすこともできる。うまくいけば交際や結婚も可能だ。若い男性が美人という噂を聞いて、茶屋に群がったのもむべなるかなだろう。

これまでは遊女も女形も上方が良いとされてきた。とすれば、おせんは江戸美人の第一号か。田沼意次の産業や商業の奨励策により、江戸の商人たちが経済的な力を備えてきた。大坂の豪商に対抗できる豪商も生まれていた。江戸の人々が上方コンプレックスを払拭《ふっしょく》し、自信を深めつつあったときだ。

おせんは錦絵や絵草紙に刷《す》られ、すごろくに使われ、手拭《てぬぐい》にも染められ、ついには森田座の歌舞伎芝居でも、おせんを主人公にする芝居が登場した。

おせんブームが起こり、おせん効果でいろんな業種が潤った。江戸一番のアイドルとなったおせんの茶屋が繁盛したことは言うまでもない。

人気が白熱すると、他の茶屋娘にも注目が集まり、美人探しが始まった。浅草観音堂の後ろの楊枝《ようじ》屋の娘「おふじ」も良い、浅草の大和茶屋と二十軒茶屋で同名の「およし」も美人だ、堺屋の「おそで」も器量良しだ、と次々に人気娘が現れた。あげくは上野山下の水茶屋の女房「おふで」が、元吉原の遊女でいい女だと話題となり、それを見たさに茶屋に出かける騒ぎとなった。

「水茶屋にきては輪を吹き日を暮らし」

茶屋娘を目当てに客の男たちが煙草をふかし、煙で輪を作りながら閉店するまで店でねばっている。そんな光景を詠んだ川柳もある。

利に聡《さと》い錦絵業界が役者絵だけでなく、美人の茶屋娘の一枚絵を売り出す。さらには「娘評判記」と題した茶屋娘特集の草紙まで売った。役者絵を描かないと突っ張っていた鈴木春信も、おせんやおふじを描いて懐《ふところ》が潤った。出版業界が茶屋娘ブームを煽《あお》ったのだ。「娘評判記」を手にしてこちらの茶屋、あちらの茶屋と渡り歩いた若い男もいたろう。

昭和時代になり「煙草屋の看板娘」という言葉が生まれたが、茶屋娘は「茶屋の看板娘」だった。

ちなみに二十歳になった「おせん」は、明和七年（１７７０）に好きな男性と駆け落ちしたと噂され、その後の消息はわからないままだ。世間から完全に身を隠してしまったのだ。人気者として常に人々の注目を浴びるのが苦痛となり、惚《ほ》れた男とどこかでひっそりと暮す道を選んだのだと噂された。

江戸一番のアイドルが一般男性と一緒に失踪するような話だから、この駆け落ち騒動はたいへんな話題になった。現代ならば週刊誌やテレビのワイドショーが行方を捜しまわるだろう。

「とんだ茶釜が薬缶《やかん》に化《ば》けた」という戯《ざ》れ言《ごと》が流行語になった。

おせん目当てに笠森稲荷の茶屋に来てはみたけれど、茶屋にはおせんの代わりに薬缶のようにつるつるの頭の薄い父親の五兵衛がいるだけだ、という冗談だ。

本当のところは、おせんは武家に嫁《とつ》いだのだった。初恋の相手だったという。

しかし五兵衛は茶屋にくるおせんファンに何を聞かれても曖昧《あいまい》にしか答えなかった。それで、噂が噂を呼び、若侍と駆け落ちしたという説にすり替わったようだ。

（暁晴翁《あかつきせいおう》「雲錦随筆《うんきんずいひつ》」）

さて、茶屋が乱立状態となった文化《ぶんか》・文政《ぶんせい》年間（１８０４〜３０）頃には茶屋の看板を掲げながら、「茶屋女」を集めて客を取る店が現れた。器量の良い茶屋娘が店の乱立で払底《ふってい》してしまい、下半身で儲けるしかなくなったのだろう。

これで有名になったのが上野にできた「いろは茶屋」だ。

上野には多くの寺が集まっている。それらの寺の僧侶を相手にする茶屋ならば、これは儲《もう》かると考えた男が人目につかないひっそりした場所に開店した。女色を禁じられている僧を相手に性サービス業を思いついたわけだ。金儲けのためならば仏罰を恐れない大胆不敵な経営者もいたのだ。

幕府は「湯女《ゆな》風呂」（拙著『江戸のヒット仕掛け人』参照）と同じく、茶屋娘も一店につき三人までという制限令を下したが、制限を守らずに闇営業をする店が少なくなかった。

◎江戸のファミレス「料理茶屋」と高級料理店「八百善《やおぜん》」 明和年間（1764〜72）末

作者不明の「過眼録《かがんろく》」という随筆に次のような記述がある。

「享保の中頃のことだが、丸の内から浅草観音に出かけた。その途中で金を払って食事をすることなどは考えもしなかった。煎茶《せんちゃ》を出す店もなく、まれに茶屋を見つけて立ち寄り、料理などを頼んでもなかなかできてこない。ようやく出てきた料理は一人前が二汁五菜で値段は十匁《もんめ》（約1万7千円）も二十匁もした。茶屋は塩町、両国、浅草などに一、二軒あっても前日か当日の朝早くに頼んでおかないと料理ができなかった。

ところがそのころ金龍山浅草寺の茶屋で五匁料理というのを仕出すようになった。通りがかりに店に入り注文をすれば二汁五菜を仕出すのである。客の好みにあい、ことのほかに流行した」

それまでは浅草寺に参詣に来る人々が休息のために立ち寄る茶屋は茶菓子を売っていた。昼食はおにぎりを持参していて、茶屋ではそれを食べながら茶や菓子を頼んでいたらしい。

幕府は火事を恐れて日没後の煮炊き商売を禁止していたから、茶屋や料理店で食事をするのは昼食だった。

そのような客の中に、

「昼飯時で腹がすいた。なにか食えるものでもあるのかい」

と言うのがいたのだろう。

「うちでは茶菓子しかやってませんので」

と断る店もあったろうが、

「たいした料理は作れませんが、それでは作ってみましょうか」

と、料理を作り始めたのが料理茶屋の起こりだろう。

料理を頼む客が少なくないことに、「これだ」とひらめきを感じ取ったのが金龍山の茶屋の主人だ。注文を受けてから料理を出すまでに時間がかかるのが難点だ。ならば単品の料理をあらかじめ下ごしらえをしておき、すぐに出せるようにすればよい。そこで彼は「太平しっぽく」と名付けた料理を考案した。

卓袱《しっぽく》とは中国語で食卓のことだ。それまで日本人は一人ずつ料理が載った膳で食事をしていた。食卓を囲んで食事をする習慣がなかったのだ。

このころ長崎の出島では交易にやってきた中国人やオランダ人が大きなテーブルを囲んで食事をしていた。彼らの食事光景は江戸にも伝わっていたろう。

金龍山の茶屋の主人はこの新しい食事方式に目をつけ、その新奇さで客を惹《ひ》きつけようとした。

「太平」とは底の浅い大皿のことだ。これに料理を盛り付けて各人が小皿にとって食べる。中華料理の食べ方だ。

要するに料理は和風料理だが、食べ方を中華風、またはオランダ風にしたわけだ。ただし、脚の長いテーブルではなく、畳の上に正座して食べられるように座卓であったようだ。

医師でありながら多才な知識人でもあった橘南谿《たちばななんけい》は、

「向かい側の人に酒の酌《しゃく》をするのが不便だった」

と経験を書き残している。テーブルが広いと、向かい側の人に酌をするのに中腰か立たなくてはならないからだ。

銀五匁での値段で二汁五菜のしっぽく料理をだした。銀六十匁が一両（銭価が安くなり四千二百文の頃）だから、銀五匁はおよそ三百五十文（８７５０円）くらいだったろうか。かけそば一杯が十八文（４５０円）だから、庶民が気安く入れる店ではない。

客は幕府の中級以上の幹部役人や諸藩の重役、富商や町名主らで、会合に利用されたようだ。

長く「一汁一菜」が美徳とされてきた。そこに一人前が二汁五菜という多彩なメニューの料理店ができた。しかもテーブルを囲み、鍋や大皿からそれぞれが分け合って食べるという食事法だ。食事中は無言で食べるというのが食事のマナーだったのが、食卓を囲んで団欒《だんらん》しながら食べる。店主は食事の新しい食べ方を提案したのだ。

この新鮮さが客を惹きつけた。この店の評判が広まると、次々に料理茶屋が生まれた。

「その後に両国橋の詰めの茶屋、深川、洲崎《すさき》、芝神明《しばしんめい》前などに料理茶屋が出来、堺町に一人前が百膳《ひゃくぜん》（百文）というものが出来て、これまた諸所にでたり。湯島の祇園豆腐、女川《めがわ》の菜飯《なめし》、居酒屋の大田楽や湯豆腐も始まる。宝暦の初めには吸い物、小付け、飯、太平しっぽくの旨《うま》かった金龍山の料理屋は跡形なく消えてしまい、浅草の宮地の端々まで料理茶屋が立ち並び、明和のころになると辻々まで見られるようになった」（『嬉遊笑覧《きゆうしょうらん》』）

儲かるとなったら、その業種にどっと新規参入者が入ってきて、創意工夫によって新しい売り物を作り出す。激しい競争の中で金龍山の料理茶屋は消えてしまったという。

料理店の数が増えるにしたがって、高級料理店と大衆料理店の二極分解が起きたようだ。

高級料理店は建物を豪華に作り、料理に凝《こ》った。値段も一人前が一両や二両であり、富裕層の懐《ふところ》をねらった。

「寛天見聞記《かんてんけんぶんき》」に次の話が載っている。

享和《きょうわ》年間（１８０１〜０４）の頃に著者が友人たちと浅草山谷堀橋《さんやぼりはし》（現在の台東区浅草七丁目）の近くにある高級料理店の「八百善」に、

「酒も飲みあきたし、それでは八百善で極上の茶を煎《せん》じさせ、香の物で茶漬け飯でも食おう」

と入ったという。しばらくお待ち下さいと言われて待っていたが、半日ばかりたってやっとお膳がでてきた。香のものは季節にしては珍しい瓜ナスの粕漬を切ったものだった。土瓶には煎茶が入っていた。

食べ終わって値段を聞くと、一両二分だという。四分で一両であるから一両半（15万円）ということになる。

「香の物は珍しくて美味《うま》かったが、それでもあまりにも高いではないか」

と言うと、亭主がこう答えたという。

「香の物の値段はともかくも、茶の代《しろ》が高いのでございます。茶は極上の茶でございますが、土瓶には多くは入っておりません。極上の茶には極上の水でなくては合いませぬが、あいにく近所には良い水がございません。それで人を遣《や》って玉川上水の取水口まで行かせて水を汲《く》ませ、早飛脚《はやびきゃく》で取り寄せたのでございます。値が高いのは水の運賃でございます」

「これにはまいった」と名古屋から江戸に出てきた作者（尾張藩士・氏名不詳）は書いている。「食通」からすれば、この高い料金に文句をつけるのは「ヤボ」だということになる。ちなみに居酒屋や料理屋で客が頼みもしないのに「お通し」が出される慣習が始まったのもこのころだ。

高級料理店の上客は富裕層の団体客だった。

大名家の江戸家老は日本橋の「百川《ももかわ》」に定期的に集まって、親睦や情報交換を行っていた。藩主の子弟子女の結婚や養子縁組などの件もここで話し合われた。ほかには江戸に多数ある株仲間の定期総会や町火消の親方などの集まりも高級料亭で行われた。

「貴賤上下考《きせんじょうげこう》」（三升屋二三治《みますやにそうじ》）は書いている。

「世の中の食通たちは料理人を訪ねて、田川屋の田介（＊料理人の名前）を食べに行く、八百松を食べると、料理人を指して訪ねて行く。このために料理屋では高い金を出して料理人を抱える店もあるという」

（歌川広重《うたがわひろしげ》　「江戸名所図会《えどめいしょずえ》」）

食通は料理屋の看板ではなく、有名な料理人の料理を食べに行ったらしい。

幕府の旗本や諸藩の重役たちが自宅に人を集めて食事をふるまう際には、高級料理店から酒食の仕出しをとるのが一般的となった。仕事のために会議を開き、終わった後には宴会だという風習はこのころから盛んになった。

いっぽう寛政（1789〜91）の末か享和（1801〜04）の初め頃に、水茶屋の難波屋の「おきた」と高島屋の「おひさ」が美人だという評判が広まり、二人の錦絵が出た。下絵の作者が人気の喜多川歌麿《きたがわうたまろ》だったから、彼女らを見ようと若い男たちがわっと押し寄せた。若い人たちには料理よりも茶屋娘のほうがあいかわらず人気であったらしい。

安永・天明年間（1772〜89）になると、料理茶屋で飲食を楽しむだけではなく、芸者を頼んで酒の酌《しゃく》をさせ、三味線を弾かせて唄ったり、踊ったりするのが流行した。

明治時代になり、こうした遊興《ゆうきょう》が復活するのは、政権を握った薩長《さっちょう》土肥《どひ》の下級武士たちが江戸の遊興娯楽に憧《あこが》れていたからだ。この点については別の作品で触れたい。

69ページの挿絵は王子の飛鳥山《あすかやま》の麓《ふもと》で、石神井《しゃくじい》川の河岸にずらりと料理屋が立ち並んでいる光景だ。

◎吉田《よしだ》松陰《しょういん》をも虜《とりこ》にした「大福餅」を作った貧しい未亡人の知恵と工夫と情熱

明和八年（1771）

「宝暦現来集《ほうれきげんらいしゅう》」（山田桂翁《やまだけいおう》）に、

「明和八年の冬、小石川御箪笥町《おたんすちょう》（現在の文京区小石川五丁目）に、いたって貧しい後家暮らしの、おたよと申す女商人が、白い餅の中に塩ばかりのあんを入れておたふく餅を売ったものである。一両年過ぎると、その餅の中に砂糖を入れて、外で『腹ぶと餅』と唱え代えて売った。また、寛政中頃には同じ餅を温めて大福餅と唱え代え、しばらくは流行した。最近は大福餅の中をこしあんにして砂糖を入れるが、昔はつぶあんに塩ばかりであった」

とある。現代でも売られている大福餅の起こりだ。

饅頭の小麦粉の皮を米粉に変えてヒットした「米《よね》饅頭」のことは拙著『江戸のヒット仕掛け人』で触れたが、今度は餅の中に餡を入れる饅頭が登場した。

これを思いついたのが貧しい未亡人の「おたよ」という女性だった。職人だった夫に死なれ、おそらく子どもを抱えて生きるために饅頭屋を始めたのだろう。

最初は「お多福」にあやかって、「お多福餅」と名付け、饅頭の形をおかめ顔のようにこしらえ、中に小豆の塩餡を容れた。お多福はおかめともいい、口が悪い江戸っ子は不美人を指しておかめと呼んでいたのだ。

これがまったく売れないので、塩餡の代わりに砂糖餡を入れてはと考えた。

白砂糖の国産品が出回るようになったのは寛政年間（1789〜1801）の後期からで、明和年間（1764〜72）には高価な輸入砂糖しかなかった。これを長崎でオランダ船から独占して仕入れていた問屋が日本橋にあった「長崎屋」だ。高価で貴重品扱いされていて、薬種《やくしゅ》屋に小売りしていた。

一斤（600グラム）が銀三、四匁（5000円〜6700円ほど）の価格だったという。味噌一貫（3・75キログラム）で銀一・七匁（2800円ほど）の時代だから、輸入砂糖がどれほど高価であったかがわかるだろう。

おたよは、この砂糖を手に入れるために長崎屋に出向き、店頭で土下座して砂糖を売ってくれるように懇願したという。店の手代は彼女を追い払おうとしたが、奥にいた主人の源右衛門が店頭での騒ぎを聞きつけて、何事かと現れた。

彼女の必死の懇願に打たれたのか、それとも幼い子どもたちとともに土下座する貧しそうな女に同情したのか、通行人が足を止めて眺めているので早く追い払いたいと思ったか、それは源右衛門に訊《き》かないとわからないが、おたよに砂糖を分け与えることにした。

日本橋の長崎屋といえば、長崎出島に住むオランダ商館長が三年に一度、三月に江戸に参府し、将軍に拝謁するさいに滞在する旅宿でもあった。源右衛門は幕府勘定奉行所の貿易問題の相談役でもある。貧民に憐憫《れんびん》を寄せたり、同情するようなヤワな商人ではあるまい。

衆人環視のなかですげなく追い払って、

「長崎屋源右衛門は人情もない酷薄な男よ」と噂が流れるのは嫌だ。ここは太っ腹な男気をみせておこうと、とっさに考えたのではないか。

「金は要《い》らぬからこれを持っていくがよい」

と、五合枡《ます》に砂糖を入れ、袋に入れ替えて持たせたという。

この砂糖で作った餡を餅でくるみ、一つ食べたらおなかがふくれるような大きな餅菓子を作った。そして「腹ぶと餅」という名前をつけ、屋台で売った。一つ食べれば満腹になるというので、たんなるおやつではなく、食事の代わりにもなるファストフードとしてたちまち完売したという。

その売り上げを持って長崎屋に行き、先日の砂糖の代金だといって支払いをすると、源右衛門は彼女の律儀さと知恵に感心して、代金は後払いでよいからと、一升の砂糖を融通してくれた。

「腹ぶと餅」は昼食や夕食としてよく売れた。おたよは店を構えるまでになり、二十数年後の寛政中頃には、腹ぶと餅を小型化して、蒸して温め、「大福餅」と名付けて一個五文（125円）で店売りした。小豆餡はこし餡にして口当たりを柔らかくしたという。

「大福」とは、食べる人には「大いなる福をもたらす」という意味がこもっている。縁起担《かつ》ぎの日本人消費者の心理を読みとってネーミングしたようだ。これがまたヒットした。現在でも「大福」というネーミングが普遍化し、販売されているほど大衆的な和菓子の代表となっている。

時代は下って嘉永《かえい》四年（1851）、幕末の思想家・吉田松陰が兵学研究のために江戸へやってきた。

倹約家で知られる松陰は、無駄な出費は一切せず、つつましい暮らしを送っていた。食事も金山寺《きんざんじ》味噌と梅干しだけで飯を食べていた。

ところが、大好物の「大福餅」の魅力だけには勝てなかったようだ。「もち　八文」を一カ月に六回も買ったと自ら記した「費用録」にあり、誘惑に負けて買い食いしてしまったことを情けないと悔いている。松陰先生にも弱点ありという笑えるエピソードだ。

寛政十年（１７９８）に「大福餅」にヒントを得て、「焼き大福」を売り出した商人がいる。

「このごろ夜々大福餅という物を拵《こしら》え、売り歩き行き、世間ははなはだ流行。籠の内に火鉢を入れ、焼き網をかけ、その上に餅を並べて蒸し焼きにせし物にて、いたって温かき故、冬の夜の寒さの折は受けのよろしき餅なり。元来は馬夫などの下賎《げせん》のものの食べそうろう腹ぶと餅という物を少し丁寧に拵えたるまでのよし」（「寛政紀聞《かんせいきぶん》」吉田重房《よしだしげふさ》）

おたよが考案した大福餅がヒットしたことは先に述べたが、これを焼いて売る屋台店が生まれ、これもまた良く売れたようだ。

この「焼き大福」だが、つい最近まで銀座や新橋の裏通りの屋台でも売っていた。酔客がよく買い求めて繁盛していたが、今は姿を見なくなった。

これを食べると胸が焼けるというので、嫉妬《しっと》のことを「やきもち」と言うようになったのも、「焼き大福」が広まった頃だ。

おたよの「腹ぶと餅」と差別化をはかろうとして、焼き餅にしたというのが考案者の工夫だった。

　ある商品が売れれば、同じ商品を売る業者がどっと出てくる。その激しい競争の中で他店との差別化をはかろうとして派生品が作られる。競争から抜け出そうという知恵と工夫が新製品を生み、商業を活発にする。

　たかが餅菓子というが、そこにはおたよさんのような知恵と工夫と情熱がこもっているのだ。

3、江戸最後の輝き――過剰消費が生んだ好景気の中で

安永・天明年間（1772〜89）

◎田沼意次《たぬまおきつぐ》が進めたバブル経済の功罪

多くの歴史書で「金権政治家」のレッテルを貼《は》られている田沼意次が老中に任命されたのは安永《あんえい》元年のことだった。御三家（尾張藩　紀州藩　水戸藩）、御三卿（一橋《ひとつばし》家、田安《たやす》家、清水家）を中心にした守旧派によって叩き落とされる天明《てんめい》六年（1786）八月までの十五年間を「田沼時代」と名づける歴史家もいる（＊意次が側用人《そばようにん》に昇格した明和四年（1767）からの二十年間という主張もある）。

この時期に田沼は産業商業を奨励し、風俗面では自由放任策をとり、消費拡大策を進めた。この結果、人々の高級品志向や遊興《ゆうきょう》娯楽志向が刺激され、社会の様相が大きく変わった。

作者不明の「曲肱漫筆《きょっこうまんぴつ》」は儒教守旧派の立場で田沼政治を批判している。

「今の世は半期雇《やと》いの女中でも少しばかり待遇の良い者は青天井《あおてんじょう》の紅葉傘《もみじがさ》をさして歩く。昔は雨の日でも傘をささず、前垂《まえだれ》れを頭に覆《おお》って外出していたものだ。下人小物でも昔は竹の笠を頭にかぶったものだが、今はそんな笠はかぶらない。

世の中は貴人も賤《いや》しい者もしだいにおしゃれになってきて、男女ともに若い者たちは劇場などにでかけ、身分不相応の贅沢《ぜいたく》をし、武家や医者など、あるいは富裕な商人たちは香よ花よ茶よなどと、資産収入に合わないほどの高価な道具を買ったり、そのほかの贅沢をしている例が実に多い。

職人や行商人のような裕福でもない者でも、夫は風呂敷に物を包んで売り歩いているのに、妻は外出するときには緞子《どんす》や綸子《りんず》の衣服を着て、ビロードの帯をし、夫は妻がなすままに任せて意見することもない。

富裕の商人の家では、奥様よ御内儀《おないぎ》様よともてはやして、召し使っている女中たちがみな綸子や縮緬《ちりめん》を着ているので、奥様は輸入物の瑠衣《るい》を着るようになった。

町人は数千貫の金持ちでも武士と異なる身分であり、貧窮《ひんきゅう》する町人と同じ身分だという意識もなく、外出時には駕籠《かご》だの輿《こし》だのに乗るほどに奢《おご》り高ぶっている。

同様に諸大名や諸役人も乱世と違って平和な時代が続いているので、戦国時代とは違いやることなすこと大掛かりに金をかけ華美を尽くしている」

貧しい浪人儒者の歯ぎしりが聞こえてくるような批判だ。

男尊女卑の儒学者らしく、批判は特に女性に向けられている。女性のおしゃれは許せないという立場だ。

これに対して江戸の商業と風俗の変遷をまとめた「守貞謾稿《もりさだまんこう》」の著者である喜多川守貞《きたがわもりさだ》は、

「それ男女の風姿である風流美麗は昔も今も人間が欲するところのものである」

と書いている。

風流、つまりおしゃれで美しくありたいと思うのは人間本来の欲求だと肯定しているのだ。

また、人間の服装は千差万別、昔のような服装であっても、流行の服装をしてもそれぞれの自由であろうとも言う。

このようなことを言えるのも、彼がモノを売る側の商人であったからだろう。一説には砂糖商であったといわれている。

それでは男性はどうだったろうか。

国学者である斎藤彦麿《さいとうひこまろ》の「神代余波《かみよのなごり》」には、男性もまたおしゃれになったと書いている。

「安永のころまでは男の容姿は月代《さかやき》を大きく、髪は短く、元結《もとゆい》は多く巻いて、袴《はかま》や羽織の丈《たけ》は短く、帯の幅は狭かった。だが、天明のころは月代を小さくし、髪を長く高く、鶴の首のように元結で結び、着物や羽織の丈は長くし、帯幅は広くする」

男女ともおしゃれになり、流行のファッションを追うような時代となったのだ。

京都町奉行の与力を務めたインテリ武士の神沢貞幹《かんざわていかん》（杜口《とこう》と号する）は、

「六十年以前までは紗綾《さや》縮緬ならびに夏の縮《ちぢみ》など普通の人は着る人もいなかった。今はこれがすべての人の衣装となっている」

と書いている（「翁草《おきなぐさ》」）。

木綿や麻などの安い衣服を着る者がいなくなり、絹織りなどの高級品を着るようになった。

高級品志向は食べ物にも及んでいる。「饅頭菓子は上方が江戸に勝《まさ》る」と言われたのは過去の話だ。江戸にも次々に高級菓子が誕生した。かつての有名店である京都の「塩瀬」や大坂の「虎屋」は倒産して、その江戸支店が繁盛した。現在の「塩瀬」や「虎屋」は江戸支店の後裔《こうえい》だ。

高級菓子店として有名になった中には「鈴木越後」や練《ね》り羊羹《ようかん》を編み出した「大久保主《もん》水《と》」がある。

幕府の旗本御家人が役職で昇進した場合には、上司や同僚を自宅に招いて接待するという悪習があった。酒と料理、デザートに菓子を出すという習慣だ。

下級旗本でありながら勉強家の森山孝盛（源五郎）が書き残した「賤《しず》のおだまき」と題した随筆に次のようなエピソードが書いてある。

「わたしが小普請組頭でいたときに永井求馬《きゅうま》が同じ役に任命された。このときの組頭支配役は船田平左衛門だった。

例の通りに酒、料理、菓子が出て、無事に閉会して解散した。

ところが次の会合の時に、『永井が出した菓子は鈴木越後ではなかったぞ』とある同役が言い出した。するともう一人が『そういえばおれもそんな気がする』と言い、また別の一人が『あれは他の安い菓子屋に頼んだにちがいない』と言う。さらに数人が『どういうことなのか永井を呼び出して聞いてみよう』ということとなり、船田と永井を呼び出して同僚二十三人で取り囲み、問い詰めた。

すると、鈴木越後は値段が高いので安い金沢丹後にしたのだと、指導役である船田が白状した。そこで皆は船田と永井に手を突かせて謝《あやま》らせたのだった。

たかが食べ物の味くらいのことで上司である船田まで謝らせるとは情けないことであった」

森山ははばかげていると思いながらも、空気に逆らうこともできずに黙ってついていったようだ。

さらに彼は次のように書いている。

「そのころの俗習としては、両番役や大御番役《おおごばん》に任命される、あるいはそこで昇進するときにはなおさら先輩たちに贈り物をしたり、上々の極品の鰹節を一連ずつ、あるいは反物《たんもの》を一反ずつ贈ったりしなくてはならなかった。これはことのほか支出が大きかった。

そのうえに新人は汁番とか弁当番などがあり、夜勤の先輩たちに差し入れねばならない。夜水《よみず》と称して酒番が酒を差し入れるのもあった。

のちには用意するのがたいへんであるために、一汁一菜のお膳を仕出し屋に頼んで差し入れることになった」

新年、中元、歳暮の時期には上司への挨拶に高級品の贈り物を持って挨拶にいくのが恒例となったのもこの時代のことだ。

「衣食住」のうちの「住」にも大きな変化があった。旗本の屋敷でさえ茅葺《かやぶき》の屋根が多かったのが、防火のためという理由で瓦《かわら》屋根の屋敷に新築するのが流行《はや》った。今戸《いまど》（現在の台東区今戸一・二丁目）の瓦焼き職人の小川平兵衛はこれで巨利を得て富豪となり、遊郭での派手な遊びで有名になった。

武家の消費で職人や商人が潤い、職人や商人の消費も増える。この好循環のなかで様々なものが同時に流行してバブル型景気をもたらした。

娯楽遊興も盛んになった。

歌舞伎の人気は言うまでもないが、義太夫《ぎだゆう》、講談、落語、手品、曲芸などを一箇所に集めた「寄席」が誕生した。歌舞伎よりも料金が安いというので客が集まった。小野川と谷風というスター力士が出た相撲興行も人気があった。

「遊興」といえば、この時代、「芸者」という新職業に触れなくてはなるまい。

酒飲みの言葉に、「酌《しゃく》はたぼ」という言葉がある。たぼとは女性の後ろ髪を丸く束ねた部分をいうことから女性を指す隠語だ。「酌はたぼ」とは酒の酌をしてもらうならば女性に限るという意味だ。

享和年間（1801～04）に宴席に呼ばれて客の酌をしながら、三味線の伴奏で義太夫や小唄を唄いながら踊る「踊り子」が誕生した。貧しい町娘が多かったという。料理茶屋の仲居は酌をするだけだから「酌取り女」と呼ばれたが、踊り子たちは芸を演じて宴席を盛り上げた。

当初は客に乱暴をされないように、母親が監視役となって宴席までついてきたという。これが男たちの人気となり、踊り子の人数が増え、「芸子」と呼ばれるようになった。はじめは個人営業だったのが、若い女性を集めて芸を仕込み、注文があれば屋敷や料理茶屋に派遣するという事業経営となった。

芸子のほうは人数が増えて競争が激しくなるから芸を磨《みが》き、服装も華美になる。安永年間（１７７２～８１）には幕府の高官らの屋敷で行われる宴会に呼ばれるようになり、「芸者」と呼ばれるようになった。

料金が吉原遊郭で遊ぶよりもはるかに安いというので遊び人の間で流行した。これで客足が遠のいた吉原遊郭も芸者を抱えるようになったという。

この時代の遊興の繁栄を象徴するものが「中洲《なかす》」と呼ばれた繁華地区だ。現在も日本橋中洲として地名が残り、高層マンションが立ち並んでいる。

89ページの挿絵はこの時代に遊興地区として栄えた「中洲」を隅田川の対岸である深川から描いたものだ。

両国橋の下流で隅田川が東北から東南に向けて湾曲している。その内側に土砂が堆積《たいせき》してできたのが中洲だ。現在の浜町から箱崎のあたりまで細長く伸びていた。

明和年間（1764〜72）に日本橋方面から道路と橋をかけて中洲に渡れる工事が行われた。安永元年（1772）に隅田川に面した幕府の米蔵に付属している船着き場周辺の川ざらいが行われた。

このときに深川の名主である馬込勘解由《まごめかげゆ》は、

「川ざらえの土でもって中洲を埋め立てて新地を作り、繁華街を設ける」

というアイデアを思いついた。

幕府の許可が下りて工事が始まったのが安永元年。安永六年（1777）に完成した。約一万坪弱の土地ができ、富永町《とみながちょう》と名づけられた。料理茶屋だけで九十三軒が建てられ、銭湯が三軒あった。

なかでも有名なのが「四季庵《しきあん》」という料理茶屋だ。

「四月から六月にかけての夏には岸に面している茶店の軒に提灯《ちょうちん》をかけ渡して、その明かりが水面に映る光景は、遠くから見れば竜宮の都がそこに浮かび出ているように思えた」

（岩瀬京山《いわせきょうざん》「蜘蛛《くも》の糸巻《いとまき》」）

深川の側から中洲に入る岸辺には、暖かくなる五月の節句頃から夜店が立ち並び、見世物や辻売りなども出た。

「見世物で有名だったのが鶴市という若い男。歌舞伎役者の声色や物真似《まね》をするのがじょうずであって、しかも美男であるから婦女子に好かれて淫行もあったという話だ」(同書)

女性たちも夜遊びにでかけていたことがわかる。現在の新宿歌舞伎町のような賑わいであったのだろう。

芸者に仕事を奪われてはならじと、安永元年の目黒行人坂《ぎょうにんざか》から出火した火災で焼亡した吉原の遊郭は、近くに筵《むしろ》や板囲いの臨時の廓《くるわ》を建てて営業した。

「北廓《ほっかく》(吉原遊郭)の娼家《しょうか》もここかしこに仮宅して夜見世の賑わいは天明年間(1781〜89)の一大壮観であった。筆にも言葉にも尽くせないくらいであった」

「待ってました」とばかりに男どもが殺到したようだ。

ここでもっとも稼いだのが「上総屋《かずさ》」だった。神田明神の祭礼に際して、練り物の山車《だし》に大名行列を作らせて、幼い息子を若殿様に仮装させた。そのための費用が三百両(3千万円)だったという。

次の稼《かせ》ぎ手は扇屋宇右衛門《おうぎやうえもん》だ。

田沼意次に次ぐ次席老中は沼津藩主の水野忠友《みずのただとも》だったが、その側用人に土方縫殿助《ひじかたぬいのすけ》という男がいた。当時から「水野のうしろに土方あり」と言われていたほどのやり手だ。

凡庸《ぼんよう》な水野忠友が老中に昇進できたのは、土方が田沼に働きかけて巨額の賄賂《わいろ》を贈ったためだという噂があった。

土方は扇屋の抱え遊女である花扇《はなおうぎ》に惚れ込み、頻繁に扇屋に通った。彼が高額の猩猩《しょうじょう》緋《ひ》（＊赤みの強い赤紫色）の七つ蒲団を花扇にプレゼントしたという噂もあった。

土方が扇屋の花扇にぞっこん惚れ込んでいるという話が流れると、諸藩の留守居役や幕府の役人らが土方とコネをつけようとして扇屋に集まるようになった。これで扇屋が繁盛するようになったという。

土方と親しくなり、土方を通して親分の水野に便宜をはかってもらうためだ。土方の遊興費の源が彼らからの賄賂であったことはいうまでもない。

この時期に幕府に仕える旗本や御家人の間で広まった言葉に「一金、二筋、三勤」というのがある。昇進するには一番が賄賂、二番が縁故、三番が勤務成績という意味だ。昇進するには賄賂しだいという風潮で、その賄賂が上級武士の高級品購入や料理茶屋や遊郭での遊興に流れたのだ。

新しくできた繁華街ということも中洲が人気を呼んだ理由だろう。人々は常に目新しい娯楽を求めるからだ。中洲に客を盗《と》られてそれまで繁華の地であった両国広小路界隈がさびれてしまったという。

安永・天明の好景気は収入を超えた過剰な消費に支えられていた。消費と収入の差額は借金だった。

天明年間の後期になり、その借金は人々に重くのしかかってきた。

天明六年（1786）に田沼意次は御三家・御三卿を中心とする守旧派によって失脚させられ、松平定信《まつだいらさだのぶ》が将軍補佐役に就《つ》いて質素倹約政治を行う。

役人たちの「贅沢」と「腐敗」の温床の象徴であった中洲は松平定信の下屋敷の目の前にあったので、建物すべてが取り壊されることとなった。

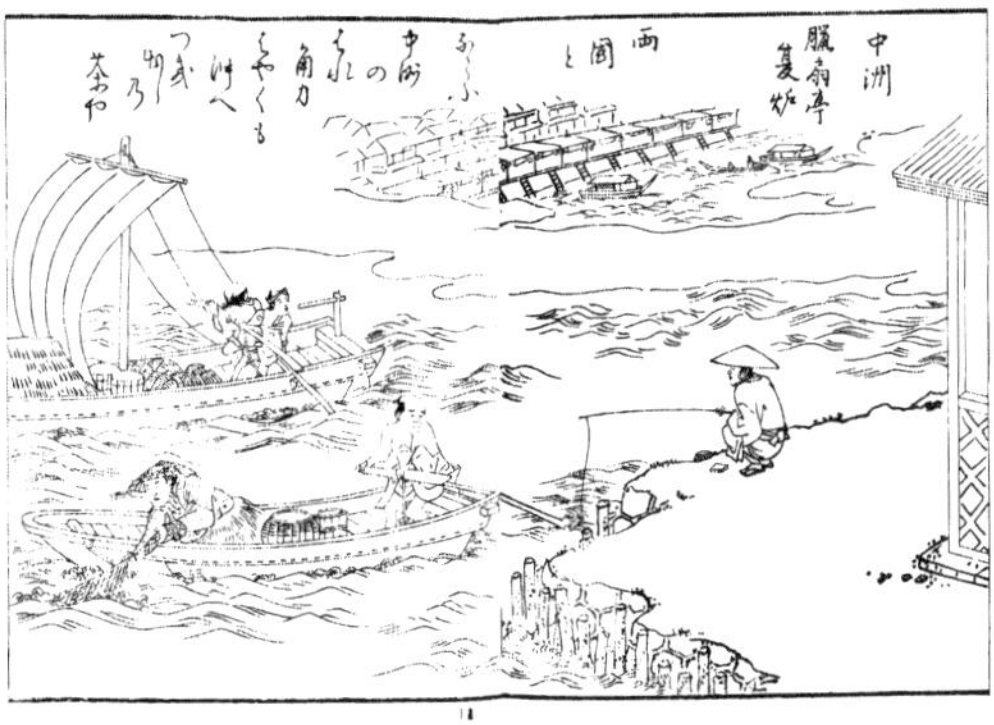

（喜多川歌麿《きたがわうたまろ》「駿河舞《するがまい》」）

◎安らかな日々を願っての改元効果で売れた「門松」

安永二年（1773）

地震、津波、洪水、火事、疫病《えきびょう》。こうした不可抗力の厄災《やくさい》が多い日本では、縁起物グッズや呪《まじな》いグッズがよく売れる。なかにはヒット商品となったり、流行品となるものもある。「八百万神《やおよろずのかみ》」という言葉があるように、縄文時代から人々はこの世の万物に「霊性」が宿っていると信じてきたようだ。

さらに、538年に中国から朝鮮半島を経て日本に伝来した仏教が全国に広まり、同じ6世紀に百済《くだら》を経由して伝わった道教と混沌《カオス》状態のまま、日本独自の信仰風土ができあがった。江戸時代になると、幕府はキリスト教以外の信仰には寛大だったから、神社、寺院、さらには儒者やら道士らが競って古典や古文書を拠《よ》り所にして「縁起ばなし」を作り上げた。

神社や寺院の建立《こんりゅう》の由来を書いた「縁起由来」の話の多くがその権威を高めるために作られた。おかげで日本武尊《やまとたけるのみこと》が東日本各地に出没したり、空海《くうかい》が各地で奇跡を起こしたり、行基《ぎょうき》が各地の土木工事をしたことになっている。

さらに彼らは本来は天文学という科学である暦制（＊月日を編成する原理そのものをいう）に宗教を持ち込み、「年中行事」という儀式を作り上げた。

神社が「正月」の儀式を作ると、仏教界は対抗して「盂蘭盆《うらぼん》」という儀式を作り上げた。

このような行事のたびに人々は神社や寺院を参拝して供物《くもつ》の代わりに賽銭《さいせん》を上げ、霊験《れいげん》があるという御札《おふだ》やその他の縁起物を買った。

このような人々の霊性信仰を商人や職人が見逃すはずはない。行事にかこつけて様々な縁起物グッズや呪いグッズを考案して売った。

しかも良く売れた。

「松飾り」や「門松」も縁起物グッズに含められるだろう。

松飾りについている柚子《ゆず》の香りと枝の棘《とげ》は悪霊よけの霊性を持ち、松と竹は長命の霊性を持つと信じられていたからだ。

明和八、九年（1771、72）は各地で農民一揆が起こり、九年二月二十九日には江戸で大火があって大きな被害をもたらした。

「明暦の火事より多く焼けぬれば
　これぞまことの明和《めいわく》九のとし」

このような落書き狂歌が詠《よ》まれている。

これに干ばつや大洪水も加わったから、江戸っ子は、

「明和九年は迷惑の年だなあ」

と嘆き、幕府は気分一新のために明和九年十一月十六日に「安永」と改元した。「安らかさが長く続いてほしい」という願いがこもった元号だ。

ここで元号制度を説明しておくと、年の途中で改元されて新年号に変わると、年表上はさかのぼって一月一日から新年号で表記することになっている。したがって、明和九年十一月十六日に安永と改元されたので、年表上は明和九年は存在せず、本来ならば明和九年一月一日だったものが、安永元年一月一日という表記となる。

「門松は冥土《めいど》の旅の一里塚
めでたくもありめでたくもなし」

という一休禅師の狂歌があるが、安永二年の正月に門松が流行した。

前の年の暮に、

「正月に門に松を飾れば福が来る」

という流言が広まったという。

おそらく門松の制作職人か門松売りが改元効果を期待し、門松を売ろうと張り切って流した流言だろう。

「来年こそは災害がない、安らかな日々が続きますように」

と誰もが願っていた。

年の暮れの十二月半ば頃から江戸の各所で正月用品の市が立つ。大きな寺社の門前と決まっているが、これらを「年の市」と呼んでいる。

「市の売り物のおおよそを言えば、宮売り、お酒、とっくり、ならびに口飾り、雑木といって木皿、へぎ盆、鏡餅の台、三方、門松、竹締め、縄、草類、橙《だいだい》、海老、羽子板、つく羽、凧《たこ》、弓、破魔弓《はまゆみ》、餅の焼き網、灰ふるい、火箸、台所用の金具類、桶、箒《ほうき》、ちりとり、雪かき、暦、大小の柱かけ、植木屋や花屋からの商人、見世物興行とす。

市はすべて昼前より人が出て、夜に入り、三時《さんとき》のあいだはもっとも群衆が雑踏する」(「絵本江戸風俗往来」)

正月の行事に必要な物がどっと市に出る。縁起物から子どもの玩具《がんぐ》、台所用品まで売っている。安永二年の正月は改元効果でこれらの商品もよく売れたらしい。

いっぽう松飾りの松は植木屋が扱い、年の市に立つのではなく、大名屋敷や商家に近い江戸城外堀の河岸の数箇所に立った。

97ページの挿絵はその松市を描いたものだ。松は大、中、小とあり、もちろん大きな松ほど値段が高い。

松飾り（門松）は奈良時代頃の町内の門に常時作られていたのが、平安時代になって一部のシャレた公家が正月だけ屋敷の門に作るようになった、というのが起源らしい。

「松は千年を契《ちぎ》り、竹は万代《ばんだい》を契る」という俗諺《ぞくげん》があり、松には「未来永劫《えいごう》の幸福を願う」という意味が込められているといわれた。

京都では公家が正月に門松を立てていた。いっぽう幕府は江戸城三十六箇所の見付門、芝と上野の霊廟《れいびょう》、浅草の米蔵、品川の浜御殿などに立てた。

明治時代に書かれた「絵本江戸風俗往来《えどふうぞくおうらい》」（菊池貫一郎《きくちかんいちろう》）によると、幕府が門松を立てた由来はこうだ。

家康が松平姓を名乗っていた元亀《げんき》三年（1572）、武田信玄に三河に攻め込まれ大敗を喫《きっ》した。その正月元旦に武田方から「松（松平）枯れて竹（武田）たぐいなき旦《あした》かな」という矢文が届いた。これからは武田の天下なんだぞという勝利宣言だ。意気消沈する家康に家臣の酒井忠勝《さかいただかつ》が、「そうではございません。松枯れで（松は枯れず）武田首なき旦かな、でございましょう」

と読み替えたという。

まもなく信玄の病状悪化により武田軍は撤退し、信玄は帰路病没する。その後武田は滅んで家康の運が開けたというので、将軍家が松飾りを正月に立てることになったという。竹の先端を斜めに切り、切り口を正面に向けるのは武田の首を取ったという意味だそうだ。

天皇家や宮家は松飾りを立てないというから、日本古来の風習ではなく、中国に起源があるものだろう。公家の屋敷では門前左右に根付きの小松を立てることがあった。これが全国に広まったが、地方によって形が変わった。名古屋では細い竹を立て、松の小枝をつないで松に飾りをつけたという。

その竹が江戸では太くなり、一本が三本に増えた。ただし、幕府の門松は質素だった。大竹の先端を斜めに切り、切り口を表にむけて、根本に松の小枝を添えて縄で縛っただけだった。「虚飾を排する」という方針から質素を守り続けたという。

いっぽう大名の江戸屋敷などは家々の伝統に従って豪奢《ごうしゃ》な門松を立てるところがあった。有名なところでは佐賀藩の藁《わら》を使った巨《おお》きな太鼓のような俵を添えた「鼓《つづみ》の胴」（直径120センチ）や津軽藩の太い竹を使った「切れ竹飾り」がある。

商家が門松を立てるようになったのは、改元によって後に安永元年となった明和九年（1772）の正月かららしい。豪華な門松を立てるのは店の宣伝になるし、繁盛している証拠でもあるという考えからのようだ。

いっぽう買い手側の江戸庶民は、「新しい年こそ災害疫病のない平和幸福の年でありますように」という願いを込めた。立派な門松ほど御利益があると思い、無理をしてでも立派な門松を買ったようだ。

門松は門のある家が門の左右に立てた。門のない家は戸口に注連縄《しめなわ》にしだの葉と柚子の葉をつけた飾りをつけた。しだの葉は深山《みやま》にあって雪霜にも枯れないから、夫婦がいつまでも仲良くしているというシンボル。柚子の葉は新しい葉が出ると、古い葉が落ちるので、父子相続のシンボルだそうだ。

現在売られている注連縄飾りには橙《だいだい》の代わりにみかんがついている。橙だからこその霊性のシンボルであって、もはやみかんでは霊性が失われているともいえるだろう。

この注連縄飾りもよく売れたようだ。

農家は正月には「福藁《ふくわら》」と言って、家の中の土間に藁束の下を広げて立てた。「藁を葺《ふ》く」の「葺」を「福」に縁起付けしたのだという。

（菊池《きくち》貫一郎《かんいちろう》「絵本《えほん》江戸《えど》風俗往来《ふうぞくおうらい》」）

しかし、平安を願う人々の祈りは天には通じなかった。正月が終わるや、インフルエンザが大流行したのだ。「雲助《くもすけ》」と呼ばれた駕籠《かご》舁《か》きが多く死んだので「雲助風邪」と呼ばれた。

さらに翌年にもインフルエンザが大流行して、全国で十九万人が死亡するという悲惨な出来事があった。

インフルエンザが鎮《しず》まると、今度は大寒波に見舞われた。年末には江戸周辺の河川が氷結したせいで、門松用の松市に運べなくなってしまい、安永三年正月には江戸で門松をまったく見なかったという記録がある。わずか一年だけの流行だった。

現代でもなお正月に門松や松飾りを飾っているところを見かけるが、どれだけの人がその宗教的意味を知っているだろうか。今はただ形骸《けいがい》化《か》した習慣として残っているようだ。

とはいえ、新年に華やかなのは縁起が良い気がするし、いまだに飾っているということは、それなりの経済効果もあるだろう。いずれにせよ、続いてほしい習慣であることは間違いない。

◎贈答用に大ヒットした商品券「伊勢屋の切手」

安永年間（1772〜81）

元々は下級旗本だったが、幕府の大御番《おおごばん》を務め、後には御目付に昇進した森山孝盛《もりやまたかもり》は「賤《しず》のおだまき」という本の中で書いている。

「そのころの俗習で、両番や大御番に入った人、あるいはお役に就いた人は、古参の人を料理屋に接待したり、上等の鰹節一連とか反物《たんもの》一反ずつを贈るとかをしなければならず、ことのほかの出費であった」

そのころとは老中田沼意次が幕府を取り仕切っていた安永年間だ。

享保年間（1716〜36）に安かった米価が明和年間（1764〜72）頃から高くなり、武士の懐具合が良くなった。

しかも、「札差し」と呼ばれる金融業者が武士の俸禄米《ほうろくまい》を担保に金を貸してくれるので、借金を重ねながら派手で贅沢な武士が少なくなかった。

任官、昇進、子どもの誕生、盆暮れの挨拶など、ことあるごとに贈り物をする習慣が生まれた。上司や有力者に引き立ててもらうためにもプレゼント攻勢が必要だった。

このプレゼントによく使われたのが鰹節だった。

「にんべん」の屋号で有名な日本橋瀬戸物町（現在の中央区日本橋室町二丁目）の鰹節店である伊勢屋が「切手売り」という新商法を編み出して、「鰹節ならにんべん、にんべんなら鰹節」と言われるほどの大店《おおだな》になったのはこのころだ。

「切手」とは今で言う「商品券」のこと。すでに大坂では饅頭屋の虎屋が切手販売を行い、人気を呼んでいた。これをとり入れたのが鰹節屋の伊勢屋だった。

賄賂が横行したこの時代、歳暮や中元の贈物、冠婚葬祭、昇進祝いや転勤祝い、さらには返礼、猟官《りょうかん》運動の賄賂、人を訪問するときの手土産などに保存ができる鰹節が好まれた。

伊勢屋の始祖である高津伊兵衛は伊勢四日市の生まれで、十三歳の時に江戸に上り、魚屋や鰹節屋で丁稚奉公したあと、宝永《ほうえい》元年（１７０４）に二十六歳で独立して干物魚、塩漬け魚、鰹節などを売る乾物屋を開業した。

江戸では沼津や小田原で獲れるカツオを刺身で食べるのが人気だった。京大坂では鰹節で料理の出汁《だし》を取っていたが、江戸では普及しなかった。出《だ》し汁《じる》に必要な醤油製造業が未熟であり、醤油醸造が盛んな関西からの下り物に頼っていた。この醤油が高価であるために醤油料理が普及しなかったのだ。

カツオの刺身も醤油ではなくてからし味噌をつけて食べていたほどだ。

享保十一年（1726）の統計では、江戸に持ち込んだ関西醤油は約六千キロリットルに対して、関東醤油はわずかに四百二十キロリットルにすぎない。

下総《しもうさ》野田醤油の始まりは寛文《かんぶん》元年（1661）の高梨平左衛門《たかなしへいざえもん》が「たまり醤油」を製造したのが最初だという。ところが値段が高価なために広く売れなかった。

高津伊兵衛が伊勢屋を開業したのと同じ年の宝永元年に、近江商人の甲田三郎兵衛《こうださぶろべえ》が「濃い口醤油」を作り出し、値段が安いために売れたという。さらに彼に追随して事業を始める者が次々に現れた。天明元年（1781）には七家の醤油醸造業者が「野田醤油仲間」を結成して上方の製造技術を学びつつ品質向上に努めるとともに、江戸人の好みに合った濃い口醤油を作った。値段が安く、さっぱりした味で、塩気が強いという点が江戸で好まれたようだ。

醤油の味が向上し、値段も関西に比べて安いというので野田の醤油が売れるようになった。屋台の食べ物屋や煮売り屋、料理茶屋、うどん屋、蕎麦屋、鰻屋などが繁盛するようになったのも野田の醤油があったからこそだ。

さらに醤油料理を美味《おい》しくするのに鰹節が出汁に使われるようになった。

鰹節は日本各地の漁港で作られていたが、これもまた上方優位の商品だった。その中でも一級品とされたのが和歌山の「熊野節《くまのぶし》」だ。

延宝年間（1673～81）に紀州印南《いなみ》の漁師である甚太郎が遭難して土佐の宇佐浦に漂着した。そこで助けてくれた播磨屋佐之助《はりまやさのすけ》の支援を受けて、それまでは天日干しや火炙《ひあぶ》りで作っていた鰹節を燻製《くんせい》法で作る技術を開発した。

彼は後に故郷の紀州に戻り、この技術で「熊野節」という名産の基礎を作った。いっぽう土佐でも播磨屋佐之助が燻製法で作り出して、土佐藩の藩営事業になるほどの貴重な輸出品目となった。土佐藩では製造技術を極秘扱いとしていたが、薩摩藩がこれを盗み取り、江戸中期には土佐節、熊野節、薩摩節の三大産地が覇《は》を競《きそ》った。

その後熊野は、カビ付け技術を考案して土佐、薩摩を引き離した。

これらの鰹節は大坂の専門問屋に送られ、その後に江戸に廻船で送られた。

高津伊兵衛の伊勢屋は熊野節の高級品だけを扱い、しかも問屋から買い付ける際にはひと節《ふし》ごとに念入りに調べて良い品だけを仕入れたという。おりしも高級料理店が次々に生まれる時代となり、「伊勢屋の鰹節は美味《うま》い」という評判が立ち、高級料理店はみな彼の店の鰹節を買ったという。さらに評判が評判を呼び、鰹節は饅頭などと違って長期の保存もできるという理由から一般の贈答用にも買われるようになった。

高津伊兵衛は鰹節が贈答用に買われ、人によってはあまりにも多くの人から鰹節をもらい、扱いに困っているのに注目した。

かつて昭和三十年代にはお中元やお歳暮にいただくのはカルピスばかりとか、水羊羹《みずようかん》ばかりとかいう偏《かたよ》りがあったが、当時も同じだった。江戸時代だけでなく、どの時代でも贈り物に流行があるのだ。

多岐にわたって鰹節の需要があることで伊兵衛が考えたのが、鰹節の引換券を「切手」と名づけて売り出すことだ。

贈答用に鰹節を買う人は、「切手」を買って贈ればよいことになった。切手をもらった人は必要なときに伊勢屋で鰹節と交換することができ、また不要であれば他の人に贈ったり、両替屋で換金することもできた。しかも高津伊兵衛は切手を持って鰹節を買いに来た人には、上質の鰹節を選んで渡すようにした。そうすることにより、切手に信用を与えた。この商法が信用で成り立っているのを知っていたのだ。伊勢屋の商品券は紙幣のように流通した。越後屋の現金売りから、さらに一歩進んだ商法だった。

受け取る人が現物よりも切手で受け取る方を喜ぶ。まして賄賂の場合には切手の方が目立たない。このために伊勢屋の切手はよく売れた。

この商法を伊勢屋に先駆けて取り入れていたのが、大坂で饅頭や羊羹《ようかん》を作っていた「虎屋」だ。虎屋は京都の饅頭屋である「塩瀬」と並ぶ高級品を作り、裕福な上流階級に人気があった。材料に高品質のものを使用し、製法も緻密《ちみつ》、丁寧だった。

店に信用があるために虎屋の切手は紙幣と同じように扱われたという。現金化する場合には両替商に持ち込むと手数料を差し引いて現金と交換できた。

天保《てんぽう》年間（１８３０〜４４）に虎屋の高級路線が行き詰まり、経営難に陥った。「虎屋が危ないそうだ」という噂が流れると、切手を持つ者が両替商に走ったが、もちろん両替は拒《こば》まれた。いっぽう、両替商は保有している虎屋の切手を虎屋に持ちこんで現金化したという。

信用を失えば当然このようなパニック売りが起こる。

ただし、日本一の両替屋といわれた大坂の鴻池屋《こうのいけや》だけは、

「饅頭屋の切手などは両替できない」

と、虎屋の経営が順調なときから両替を拒み続けていた。鴻池屋の気位の高さがうかがわ

（蔀関月《しとみかんげつ》「日本山海名産図会《にほんさんかいめいさんずえ》」）

れて面白い話だ。

鴻池屋には取引先の大名家や商家などから歳暮や中元で虎屋の切手が贈られていたが、虎屋に持ち込んで現金化することはせず、土蔵の中の箱に放り込んであったという。のちに大坂の虎屋本店が倒産すると、鴻池屋は虎屋の切手をすべて燃やしてしまった。

街中では、無価値となった虎屋の切手を風鈴の鈴ひもに結んで軒先にぶらさげている家が多く見られたという。

いっぽう、にんべんの鰹節だが、今でも贈答用の商品として上位にランクされている。切手は「ギフト券」と名前を変えている。

ちなみに「郵便切手」の「切手」は、この「切手」から思いついたもので、区別するために「郵便切手」と称した。しかし「郵便切手」を人々が「切手」と呼ぶようになったために、大正時代に百貨店が「切手」を「商品券」と呼ぶことにした。

105ページの挿絵は鰹節の製造工場。漁民個人が自宅の台所で作っていた家内制手工業の段階から従業員の分業制による工場制手工業の段階に移っていたことがわかる。これにより量産が可能になった。江戸中期には特に西日本では鰹節だけでなく多くの産業が労働者を雇い、分業制によって製品を量産する段階に入っていた。

◎娯楽としての読書の魅力を引き出し、出版界にブームを起こした娯楽本「草双紙《くさぞうし》」

安永四年（1775）

安永四年の正月。出版界は正月の子ども用プレゼントとして毎年正月に「絵草紙」と呼ばれる本を売り出すのが恒例だった。子ども向けの絵本で、室町時代に作られた「猿蟹合戦」だの「桃太郎」だののおとぎ話が題材だった（＊草紙というのは綴《と》じてある本のこと）。

本の素材は紙屋五郎兵衛（拙書『江戸のヒット仕掛け人』参照）の店が売っている安価な再生紙の浅草紙《あさくさがみ》だった。表紙と裏表紙を含めて十ページで、初期の値段は一冊五文（125円）だった。このころの油揚げの値段が一枚で三文（75円）、銭湯代が八文（200円）だから、安い値段だ。当初は表紙が赤なので「赤本」と呼ばれ、室町時代に作られたおとぎ話を挿絵付きで書いた。正月には女の子のお年玉にはかならず絵草紙があったと書かれている。

延享《えんきょう》年間（1744〜48）から表紙を黒にして、画とともに文章が長い「黒本」が現れ、ついで黒を青に替え、青から黄色になったのが「黄表紙」だ。これらは皆「草双紙」と呼ばれた。表紙の色が変遷したのは、「新奇で目を引く表紙を」という版元の工夫だった。

安永四年の正月にもそれぞれの版元が、合計すれば三十二の新作品を売り出した。江戸の出版社「鱗形屋《うろこがたや》」が発売したのが恋川春町《こいかわはるまち》画・作の「金金先生栄華夢《きんきんせんせいえいがのゆめ》」だった。春町はこの年には上下巻本で、「春遊《はるあそび》機嫌《きげん》話《ばなし》」と「金金先生栄華夢」の二作品を書いている。

余談だが、草双紙の書名が読みにくいのは歌舞伎の名題《なだい》を見習い、「当たり」を願って宛《あて》字《じ》を多用したからだという。

この三十二作品のうち「金金先生栄華夢」が当時のベストセラーとなった。作者不明の「戯作《げさく》外題《げだい》鑑《かがみ》」には安永四年（1775）から文化三年（1806）までに発売された草双紙が年代ごとに整理されているが、「金金先生栄華夢」には「この草双紙は大当たりであって、これより青本の趣《おもむき》が一変する」とわざわざ注釈を書き込んでいる。

文化・文政年間（1804〜30）には草双紙のマニア的なコレクターが何人もいて、高値で取引されていた。「戯作外題鑑」はそのようなコレクターが書いたもののようだ。

草双紙は通常なら売れるのは正月のうちだけで、正月が終わると売れなくなるのに、「金金先生栄華夢」は正月三日には市中を回って売り歩く「黄表紙売り」が夕方までに完売してしまうほど売れに売れたという。版を重ねて五月頃まで売れていた。

それではどんなストーリーであったのか。

田舎に住む金村屋金兵衛は貧しいがために何一つ楽しいことがない。そこで立身出世を願って、江戸に出る。その途中の茶店で一休みしているうちに眠ってしまう。

そこに現れたのが江戸の豪商「和泉屋」の番頭。主人が老齢で子どもがいないので跡継ぎの養子を探している、八幡菩薩《はちまんぼさつ》のお告げによってあなた様をお迎えにあがりましたと言う。

思いがけない幸運に喜んだ金兵衛は和泉屋の家督を継ぐ。金はうなるほどあるので、かねての願いどおりに金を湯水のごとくに使い、放蕩三昧《ほうとうざんまい》の暮らしを送る。

「今は頭も中剃りを鬢《びん》のあたりまで剃り、髪の毛を鼠《ねずみ》の尻尾《しっぽ》くらいにして本多《ほんだ》に結《ゆ》い、着物は黒羽二重《くろはぶたえ》づくめ、帯はびろうどまたは博多織《おり》、風通織《ふうつうおり》かモール織などとでかけ……」

と金兵衛の金に糸目をつけないしゃれぶりを描く。

おかげで和泉屋は身代《しんだい》が傾《かたむ》いてしまい、金兵衛は追い出されてしまう。無一文でとぼとぼと故郷に向かっている際に以前の茶店に立ち寄ると、はっと夢から醒《さ》めるというストーリーだ。

作者の恋川春町は駿河小島《おじま》藩（一万石）の江戸屋敷で年寄本役をつとめる倉橋寿平《くらはしじゅへい》のペンネームだ。武士で、しかも小島藩の江戸藩邸の留守家老という要職にあった。

武士でありながらしゃれた人であったらしい。勝川春章《かつかわしゅんしょう》に師事して浮世絵が学び、黄表紙の画を描いたりもした。また狂歌会に参加し、狂歌名を酒上不埒《さけのうえのふらち》と名乗り、大田南畝《おおたなんぽ》らの文人たちと交友があった。

江戸家老としての厳しい武士奉公を務める傍《かたわ》ら、武士も町民も差のない庶民文化の愛好家として自由気ままな遊びの世界に浸っていた。

彼は草双紙以外にも「鼻峰高慢男《はなのみねこうまんおとこ》」だの「芋太郎屁日記咄《いもたろうへにっきばなし》」などの世相を滑稽《こっけい》に描く戯作《げさく》本を書いている。

恋川春町がこれを書いた安永三年当時は老中田沼意次の全盛時代だった。その商業振興政策によって財貨を蓄積した大商人が生まれた。その当主ばかりか夫人や子どもたちの贅沢三昧な私生活が世間の話題となっていた。

彼らのうちでも有名だったのが五代目古今亭志ん生の落語にも登場する「十八大通《じゅうはちだいつう》」とあだ名された十八人の豪商たちだ。「大通」とは「大いなる通人《つうじん》」、つまり「豪勢な遊びの道を極めた人」という意味らしい。

彼らの私生活の豪華さ、吉原遊廓での金の蕩尽《とうじん》ぶり、あるいは金をかけての遊興の様は、十八人の一人で蔵前の札差し業者珉里《みんり》（自称）こと伊勢屋宗三郎の孫、三升屋二三治《みますやにそうじ》の「十八大通」に詳しく書かれている。

庶民たちは彼らの豪勢な生活ぶりを羨望《せんぼう》と反感の目でもって眺めていたろう。そのようなときに春町は皮肉をこめて「金金先生栄華夢」を書いたのだった。

主人公の金金先生は田舎育ちの若者であり、十八大通のような生活に憧れる若者だ。髪型は当時の遊び人に流行した、月代を大きく剃り、ちょんまげを細く短くした「豆本多」と呼ばれる髪型とし、衣服は最高級品で固めている。

眉毛は毛抜きで抜いて細くし、腰帯も細いのを用いた。そこであいかわらず口が悪い江戸っ子は、

「かったるい眉に疫病本多に首くくり帯」

と嘲笑《あざわら》った。

春町はいっときの栄華におごって豪奢《ごうしゃ》に耽《ふけ》る者は零落《れいらく》は免《まぬが》れないという教えを、教訓臭くなく、軽妙洒脱《けいみょうしゃだつ》な文章で滑稽《こっけい》に描いた。これが子どもではなくて大人にも面白い本だとなって売れたようだ。

「金金先生」は流行語となり、挿絵に描かれたような髪型と服装をした遊蕩児風《ゆうとうじふう》の男を見ると、「あいつはキンキンだ」とか「金兵衛だ」とかと後ろ指をさされたという。

この作品を契機に草双紙の作風が一変する。版元、つまり出版社が大人向けの社会風刺や政治風刺画の作品が売れると見込み、作者にそのような作品を求めたのだ。

のちに作家の山東京伝《さんとうきょうでん》が「戯作番付」を作り、この作品を一番としたのも、その革新性を評価したからだろう。

「宝暦以来の草紙はここにいたって一変す」

とまで言っている。それまで読書は武士が学問を学ぶ、あるいは教養を身に着けるためだった。書物も高価だった。武士以外にも知識欲があり、向学心に燃えた読書家は少なくなかったが、そういう人も高価な学術書や教養書を読んでいた。これにたいして草双紙は娯楽としての読書の面白さや楽しみを与えた。つまり大衆小説の原型が誕生したのだ。

春町は好評に気を良くして、「金銀先生再寝夢《きんぎんせんせいさいねのゆめ》」を書く。

金銀先生と呼ばれる人がいる。金の腰元、銀の妾、小判の番頭、南鐐《なんりょう》銀の手代、そのほかに波銭、悪銭《ビタセン》などの使用人がいて、遊蕩の限りを尽くすが、これもまた夢だった。

幕府の通貨政策である通貨の改鋳《かいちゅう》によって良貨が悪貨に駆逐《くちく》され、インフレが起きた。通貨を人に見立てて、幕府の通貨政策を皮肉ったのが受けた。

だがこの後に春町は政治風刺にのめり込んでいき、藩主の命令で自害することになる。

（恋川《こいかわ》春町《はるまち》「金金先生《きんきんせんせい》栄華夢《えいがのゆめ》」）

政治の実権が金権政治家の田沼意次から質素倹約と綱紀粛正、儒学の再興をスローガンに掲げた松平定信に代わった。定信は「武士たる者は学問に打ち込むように」と通達しているのに、戯作（＊内容によって草双紙も含まれる）を書いて流行作家となっている倉橋寿平に立腹し、藩主を呼び出して「戯作を書くのをやめさせろ」とでも言ったようだ。

小島藩主の松平信義《のぶのり》は軽く注意するだけで良かったろうに、短気の人だったらしく、「余に恥をかかせたな。腹を斬れっ」と怒ったようだ。

その夜、春町は自宅で切腹した。信義のような行いを江戸時代の良識人は、「慮外《りょがい》の短気」と呼んだ。常識外《はず》れの短気者という意味だ。

春町は大人向けの娯楽として、書いた。軽妙洒脱で粋《いき》な文章だった。人間の欲に根ざした悲喜劇をテーマにして面白おかしく書いてみせた。道学者《どうがくしゃ》（＊道徳学者。人の歩むべき道を学び、説く人）の説教じみた本や講釈師の武張《ぶば》った軍記講談にうんざりしていた庶民に受けたのだ。

天明《てんめい》元年（１７８１）までに発売された黄表紙本は百二十八冊というから、平均すると毎年の正月に十八冊から十九冊が発売されたことになる。

気になるのが作者の原稿料だ。恋川春町が亡くなった後に草双紙界の第一人者となったのが山東京伝だ。その弟の岩瀬《いわせ》京山《きょうざん》（山東京山《さんとうきょうざん》）によれば、京伝の原稿料は半紙一枚で銀一匁（1666円）、三巻本《さんかんぼん》の合巻《ごうかん》を書いて金二両三分銀十一匁（29万3326円）だったそうだ。（＊草双紙は一編一巻（10ページ）のショートショート作品だったが、一編が長くなり、上下二巻を一冊にして発行したのが「合巻」、さらに上中下の三巻を一冊にしたものが「三巻本」と呼ばれた）

その半額は前金だったが、原稿料は買い切り制であり、本がどれほど売れても作者には金が渡らなかった。作品が売られるのは年に一度、正月だけだ。現代のように原稿を書いたら出版できるわけではない。

このころの年俸を見ると、旗本に仕えている若党と呼ばれる侍が三両（30万円）だ。武士であっても最下級の年俸だから、町人たちから「サンピン」と揶揄《やゆ》された。裁縫ができる針女が二両三分（27万5千円）くらいだった。京伝が三巻本を書いても、サンピン以下、針女級の収入だった。

のちに京伝が版元と交渉して、再版になれば同じ稿料を支払うことになったという。

113ページの挿絵は「金金先生栄華夢」の主人公である「キンキン」（右）だ。

◎粗食を豪華に見せて売り出した「七色茶漬け」

天明三年（1783）頃

天明年間（1781〜89）の「当世流行《はや》りもの」という戯文《ぎぶん》（＊たわむれに書いた文章）に、「七色茶漬けに手打ちそば」と書いてある。

七色茶漬けとはどんなものなのか。

考案したのが八百石の旗本の跡継ぎである原田ナニガシだったという。

おりしも田沼意次の全盛時代。前述したように役人になるには「一に金、二に縁故、三に勤務成績」と言われたくらいで、金も縁故も才能もない武士は、たとえ旗本の家に生まれても役職に就ける望みはなかった。この原田ナニガシは千二百石の旗本の娘である妻と二人で武士を捨て、吉原の西河岸の菜畑を買い、小さなお茶漬屋を開いた。旗本を辞めて、一膳飯屋の主人となったのだから、現代ならば脱サラだ。

七種類の漬け物を茶漬けに添えて出し、これを「七色茶漬け」と名付けた。

昔から京都の名物菓子に「七色菓子」があるが、この「七色」というのが「重要」なのだ。

中国の古代宗教である道教に「庚申信仰《かのえさる》」というのがある。平安時代に日本に伝わったというが、十二支の暦制度のうち「庚申」の月と日には厄事《やくごと》災難があるとされ、それを免《まぬが》れるために祭りをする風習があった。この迷信はまず陰陽師《おんみょうじ》らが言い出し、神官や僧侶や山伏らが悪乗りして言い広めたものだ。それで祭りには豊穣を祈願する七種類の農作物を供《そな》えればよろしいという迷信が農村では広まった。

いっぽう京都の公家や商家では庚申の日ごとに七種の野菜を供えるのを面倒くさがった。そこに目をつけた商人が七種の色違いの小麦菓子を考案して、「七色菓子」として売り出し、七種の野菜の代わりに七色菓子を供えるようにしたのだ。江戸時代には寺院の数が大きく増え、その多くが経済的に檀家に頼るのを余儀なくされていた。江戸時代に庚申信仰が流行ったのも、寺院が庚申信仰を煽《あお》ったからだ。

かくして江戸でも庚申祭りには七色菓子を祭壇に供える風習が生まれた。だから、「七色」というのは庚申信仰に根差す豊かさを願う人々にとり、特別の意味を持っていたわけだ。

南伝馬町《みなみてんまちょう》に住む元大工が「七色唐辛子」を考案した。宝暦の末から明和の初め（1764頃）で、天明年間には七色唐辛子を売り歩く行商人がいた。唐辛子、陳皮《ちんぴ》、胡麻《ごま》子、山椒《さんしょう》、胡椒《こしょう》、辛子《からし》、麻の実の七種を混ぜ合わせた調味料だ。この七種は現在の七色唐辛子でも変わらない。考案者はこれを製品化するまでにかなりの試行錯誤の実験をしたろう。六色でもなければ八色でもない。七色にしたところが、七色菓子を意識していたことがわかる。

原田ナニガシは「七色唐辛子」にヒントを得て、「七色茶漬け」を考案したようだ。

明和年間（１７６４～７２）の初め頃に浅草の並木町に一膳が十二文（３００円）の茶漬け屋が現れた。銭湯の入湯料が五文（１２５円）のときに一膳が十二文だった。この店が評判になったことから十二文茶漬け店があちこちにできていた。

原田は茶漬け飯が売れていることから、「七色唐辛子」にあやかり、七種の菜を添えた茶漬け飯を考案した。吉原遊郭に遊ぶ遊客をターゲットにし、店構えを高級店らしく見せ、器や茶にも高級品を使った。それまでは「水漬け」「湯漬け」「茶漬け」とあったが、忙しいときに掻《か》き込む粗食であり、貧しい連中の食べ物とされてきた。

原田は「七色茶漬け」を高級料理に見せることで、裕福な商人層を客として取りこもうとしたわけだ。しかも、夫婦ともに武家育ちだから教養もあり、俳諧のたしなみがあって、酔客相手に俳諧談義で話の相手になったという。

吉原で遊ぶ人は裕福な粋人《すいじん》が多いから、俳号を持ち、俳諧を詠む人が少なくない。文化的な雰囲気の店というので、酔客がかならず立ち寄る店となった。

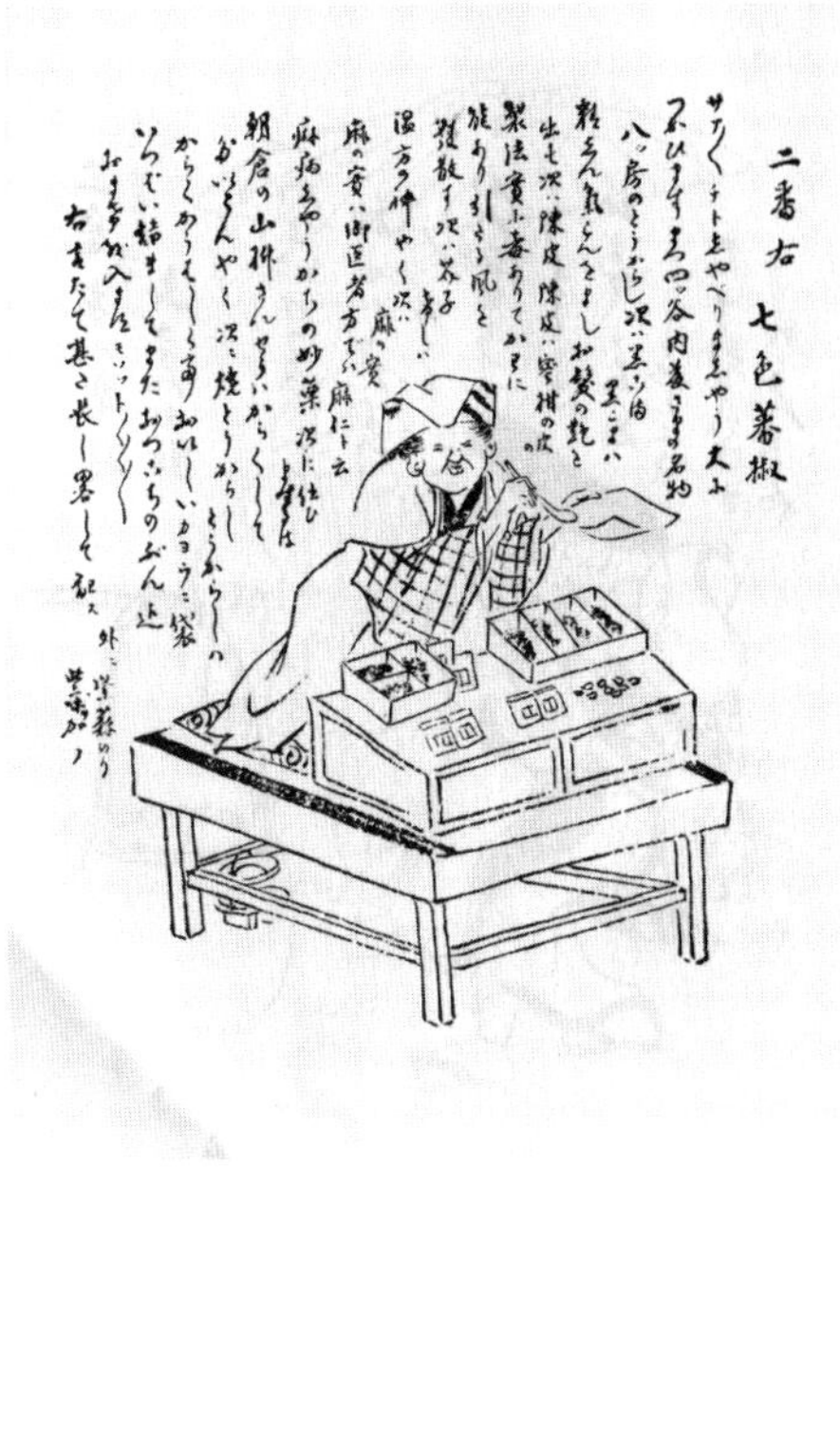

（石塚《いしづか》豊介子《ほうかいし》「近世《きんせい》商売《あきない》尽《づくし》狂歌合《きょううたあわせ》」）

夫は島得器《しまとくき》、妻は得誂《とくちょう》という俳号を持ち、俳諧の世界でも名をなして、大名の奥方やお姫様に俳諧を指南するまでになった。

「これよりしてところどころにさまざまに名を変えて茶漬け店が多くなりける。七色茶漬けの元祖はこの得器なり」

と「宝暦現来集《ほうれきげんらいしゅう》」(山田桂翁《やまだけいおう》)は言う。

現代でも「三色蕎麦」や「三色御膳」などというメニューを見るが、その起こりは「七色茶漬け」なのだ。この後に様々な一膳料理が考案された。代表的な料理を挙げてみよう。

鳥けんちん、有り合わせの魚、かば焼き、うなぎめし、ぬきどじょう、はま鍋、青柳鍋、かき鍋、いか鍋、あなごなんばん、よせ鍋、などだ。

大坂ではこれらを「一膳めし」と呼んだが、江戸では茶漬屋が商《あきな》っているので「茶漬け飯」と呼んでいたという。競争の中で茶漬け屋が次々に新しい料理を加えてメニューを増やしたことがわかる。

江戸時代に料理や菓子や饅頭が多種多様に考案されたのは、奉行所に営業届を出して許可を受ければ、だれでも自由に開業できたからだ。多くの業界が私的に株制度を作り、競争を制限していたが、飲食業は自由競争に揉《も》まれていたのだった。

4、厳しい質素倹約を強《し》いられても商魂やまず

天明七年（1787）

◎江戸の流行語大賞「大いにお世話」

年末になると、その年の流行語大賞が発表される。流行語はその時代の世相を映す鏡だ。江戸時代にもさまざまな流行語があった。それらを列挙したらキリがないので、一つだけ紹介しよう。

天明《てんめい》七年八月に筆頭老中となった松平定信は「享保《きょうほう》に復古」をスローガンに掲げ、「享保の改革」を手本として厳しい質素倹約を強制した（寛政《かんせい》の改革）。

博打《ばくち》、芝居見物、遊女芸者遊びを禁じ、家普請《やぶしん》、庭造り、家具調度品、衣服、アクセサリー、宴会や饗応《きょうおう》、日常の食事にまで細かい規制を設けた。この倹約令を徹底させるために、「隠し目付」を市中に放ち、違反者を見つけしだい町奉行所に連行して罰金を科した。

「孫の手のかゆき所へ届きすぎ
　足の裏までかき探すなり」
と、その行きすぎた倹約強制を揶揄《やゆ》する狂歌も詠《よ》まれている。
厳しい消費抑制策は不景気と物価の騰貴《とうき》を招き、人々を苦しめた。
「ありがたや物見遊山は御法度《ごはっと》で
　銭金もたず死ぬる日を待つ」
「長生きをすれば苦しき責めを受く
　めでたすぎたる御代《みよ》の静けさ」
めでたい、ありがたいと「寛政の改革」を皮肉った落書き狂歌だ。
そこで寛政元年（１７８９）頃に流行った言葉が、
「大いにお世話、お茶でもあがれ」
だ。
男が若い娘に、
「その帯は禁止されている高級帯じゃねえのか」
とからかうようなとき、

白川侯於
浪華御巡
検之容貌
嚮導者図
之
御年齢二
十七八よ
り三十迄
の間
御かたびらさあ
ぎひきらし
御羽織さらしケ
ンホウ小紋六星
の紋
すそほそ京さん
とめともへり
御大小黒柄巻カ
ケ
刀鉄角鍔脇指赤
銅透シ丸鍔

（神沢杜口《かんざわとこう》「翁草《おきなぐさ》」）

「大いにお世話。お茶でもあがれ」

と、若い娘がするりと話題を変える。

「おまえ近頃きれいになったな。男でもできたんじゃねえのか」

「大いにお世話。お茶でもあがれ」

と使う。

庶民の私生活に細かく干渉する定信の政治は、まさに人々にとっては「大きなお世話」だった。庶民は日常の会話で「大いにお世話」と言い合うことで、松平定信の細かい干渉政治に対する鬱憤《うっぷん》を紛《まぎ》らわしていたのだ。また、ことを急がないで、お茶でも飲んで心の余裕を持ちなさいよと言いたかったのかもしれない。

123ページの挿絵は松平定信が老中補佐に就《つ》いた二十七、八歳から三十歳のころの全身像。色白でひげは薄く、身長は低かったという。寛政の改革で遊興《ゆうきょう》を戒《いまし》めておきながら、ときどきは屋敷にこっそり芸者を呼び、三味線を弾かせながら酒の飲むときもあった、と側近の水野《みずの》爲長《ためなが》が書き残している。

そういえば、新型コロナ流行時に国民には飲み会やパーティを自粛するように訴えておきながら、自分たちは飲み会やパーティをして楽しんでいた政治家が少なからずいたような。

◎競争心が次々に改良品を生み出した「袋物《ふくろもの》」　寛政三年（1791）

庶民の不評を顧みることもなく「寛政の改革」を推し進めた松平定信は、武士町民を問わず、美服を禁じ、アクセサリーに高価な品を持たないように自粛令を出した。このために外見は質素にして、見えないところに金をかけてしゃれるのが流行《はや》った。

「ひとたび人々がおしゃれの楽しさや消費の楽しさを知ったら、それを抑圧するのは難しい」

「蜘蛛《くも》の糸巻《いとまき》」は言う。

「さて鼻紙袋というものは私の父の物語では、宝永《ほうえい》のころからのものであって、はじめは絹であるとか木綿であるとかで四角に縫い、紐を付け、外出するときに必要なものを入れておくのを鼻紙袋と言って妻などに細工をさせた」

武士や裕福な町人が紙で鼻をかむようになったのは寛永《かんえい》年間（1624〜44）頃からであり、庶民は手鼻ですますか、木の葉っぱでかんでいた。

鼻紙には金沢産の「小菊」という銘柄が使われた。

武士や商人が鼻紙を数枚折り畳み、絹か木綿の四角の袋にしまって懐《ふところ》に入れて持ち歩くようになったのが宝永年間（１７０４〜１１）頃だ。

天明年間（１７８１〜８９）になって、鼻紙袋を専門に作る鼻紙袋屋が生まれた。服装やアクセサリーが高級品志向の時期だから、鼻紙袋の高級品を作れば売れると直感したようだ。高価な更紗《さらさ》か緞子《どんす》で造り、入れ口にかぶせをつけ、平金でかぶせを留めるようになっていた。男性用、女性用とあって、胴巻き型、懐中《かいちゅう》型、手提げ型、巾着《きんちゃく》型などがあった。

多種多様なのは職人たちが売ろうとしてそれぞれが工夫を凝《こ》らしていた証拠だ。その結果、実用的なものからファッション性に優れたものへと進化したのだろう。

売れれば、新規参入業者が次々に現れ、工夫改良を加えていくのは、これまでのヒット商品と同じだ。高級化と利便性とが並行して進み、寛政初めには「三徳《さんとく》」と呼ばれるヒット商品が登場した。

材料が更紗または緞子、金糸や銀糸の刺繍《ししゅう》をあしらい、高級感をもたせるいっぽう、鼻紙入れ、書き付け入れ、楊枝入れの三口をつけたから「三徳」と名付けた。

これが売れれば、さらに発展型を考案する者がいた。外出時に必要な物はなんでも入れて

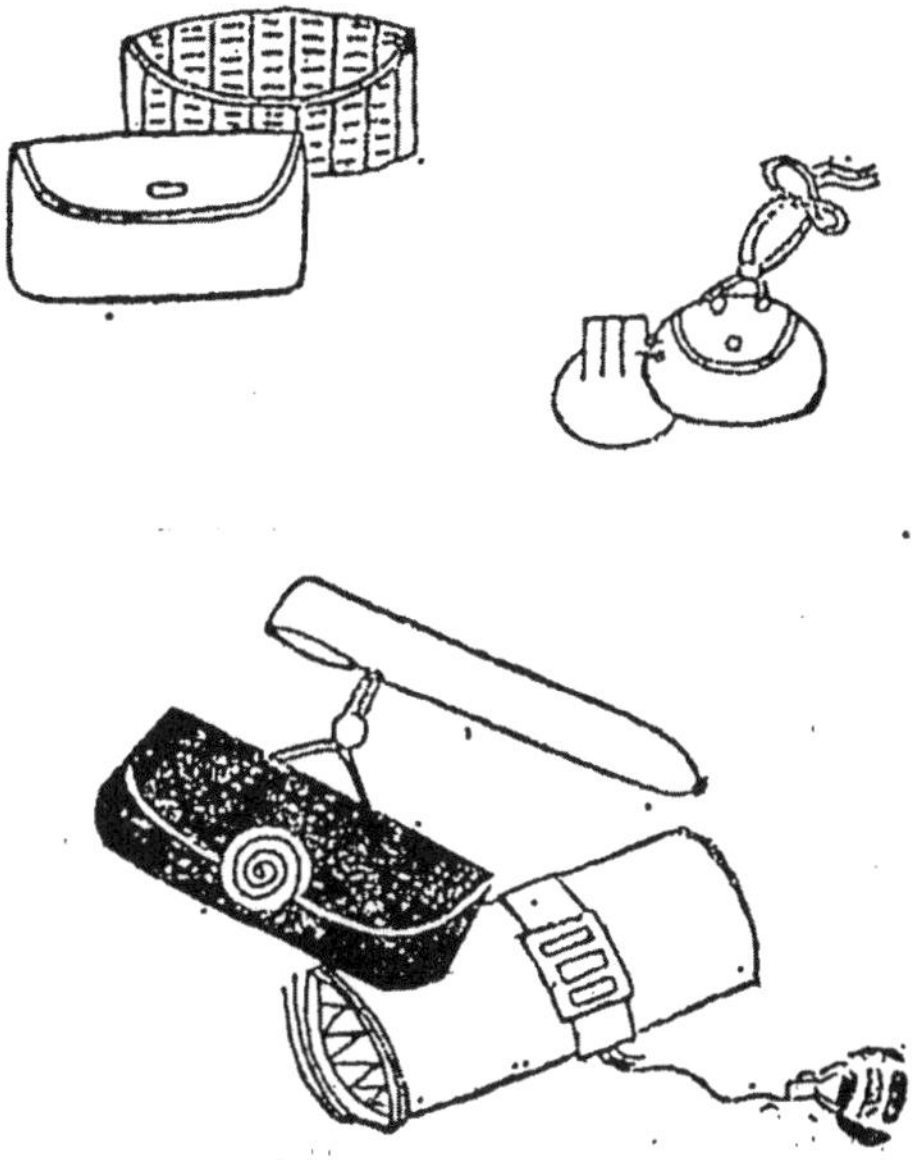

（喜多村《きたむら》信節《のぶよ》「筠庭雑考《いんていざっこう》」）

しまえるという「鼻紙差し」だ。

「金子《きんす》やその他の必要な品を入れる。若い人などが武芸の稽古《けいこ》などに毎日往来するときには、小さな櫛《くし》、髪油、元結なども入れた。たぶん鏡も入れたはずである。鼻紙差しには必要な品を入れて、小菊の鼻紙を挟《はさ》んで懐中にしまうのである」(「賤《しず》のおだまき」)

鼻紙差しは鼻紙入れという商品本来の用途から離れて、化粧用品などを入れ、鼻紙自体は挟んでおくだけになった。

用途の性格からは、「化粧道具入れ」と呼ぶべきだろうが、「鼻紙袋」から発展してきたから、「鼻紙差し」と呼んでいた。これが「札入《さつい》れ」と呼ばれるのは、紙幣が発行される明治時代になってからだ。その後は「財布《さいふ》」と呼ばれるまでに出世したが、現代は「カードケース」に地位を奪われようとしている。

同じ時期に高級煙草入れも流行した。その理由も鼻紙袋と同じだった。伊勢の稲木《いなぎ》村に住む壺屋清兵衛《つぼやせいべえ》が作る煙草入れがもっとも人気があった。茶色がかった黒色の紙製だが、革のように強く、使い込むほどに味が出ると評判だった。

高級な衣服が禁止された時期だ。胴に巻いたり、懐中や袂《たもと》に入れておける小物であれば、見咎《みとが》められることもあるまいと考えて、ヒット商品となった。

◎オリジナルの髪型を考案して流行を作り出した「女髪結《おんなかみゆい》」
寛政二、三年（1790、91）

寛政二、三年の頃から「女髪結」が流行した。女髪結とは、女性専用の床屋だ。江戸に女髪結が登場したのは安永《あんえい》の末（1781）だというから、流行する約十年前のことだ。

男性の髪を結う髪結は元和《げんな》年間（1615〜24）にすでに職業として存在していたが、女性の髪を結う職業はそれまでなかった。女性が髪結に金《かね》を使うのは贅沢だと、男尊女卑の観点から罪悪視されていた。だから、女性は自分で髪を切ったり、髷《まげ》を結んでいた。兵庫髷だの島田髷だのという女性の髷形の流行も、女性は見よう見まねで結っていたわけだ。

安永年間（1772〜81）の末に上方女形《おやま》の山下金作《やましたきんさく》が江戸に下り、仲町（現在の台東区北上野一丁目）の芸者と懇《ねんご》ろになった。このとき山下金作が芸者に頼まれてその髪を自分の鬘《かつら》と同じように結ってやった。彼は自分の女形の鬘を自分で結っていたから、女性の髪を結うのが素人離れして上手だったらしい。

これが見栄《みば》えが良いので、ほかの芸妓《げいぎ》たちが次々に山下金作に髪結を頼んだ。そこで山下金作は一回につき二百文（5000円）という料金をとり、結ってやっていたが、あまりにも依頼が多いので、「これは商売になる」と判断し、役者を辞めて女性専用の髪結になってしまった。

女髪結の第一号の誕生だ。

女性がプロの髪結を頼むようになったのは、安い伽羅《きゃら》油《あぶら》が売られるようになり、整髪剤として髪を固められるようになったからだ。さらに髷芯《まげしん》、櫛《くし》、簪《かんざし》、笄《こうがい》などの装飾品が作られるようになり、素人では難しい複雑な髪形が考案されたためだ。

店が繁盛すると、山下金作は甚吉という弟子を雇い、仕事を教え込んだ。この甚吉が女髪結の第二号で、後に八丁堀大井戸（現在の中央区日本橋茅場町二丁目）に独立して店を開いた。山下金作が芸妓を専門にしたのに対して、甚吉は料金を百文とし、芸妓ばかりではなく、料亭の仲居や茶屋女などを客とした。本店の山下の店の半額にして客層を下層に広げたわけだ。

この甚吉は岩瀬京山が記すところでは、色白の優男《やさおとこ》であり、所作や言葉遣いが女性的であったという。女性の髪結は屋敷に呼ばれ、出張して仕事をする。このために奥座敷などで一対一で仕事をするから、当然女性は緊張したり警戒する。甚吉が流行ったのはこの女性的なところが不安感や警戒心を解いたからだろう。

その後に山下金作や甚吉の弟子として入門する女性があったり、髪結がじょうずだという評判のおばさんがプロとなったりして、女性の髪結業が増えた。

天明三年（１７８３）に旗本の若奥様が男の髪結と駆け落ちするという事件があった。この事件をきっかけにして男性髪結が敬遠されて、女性の髪結を呼ぶようになり、女髪結は女性の職業という意識が定着した。

「女髪結」という呼び名も、女性の髪を結う職業という意味から、女性の髪結師を意味する言葉に変わった。男性客の髪は「髪結床《かみゆいどこ》」という店で結んでもらう。現代の理髪店を「床《とこ》屋《や》」と呼ぶのは「髪結床」という言葉を短かく詰めたことに由来している。

いっぽう女性客は髪結を自宅に招いて結んでもらっていた。客の女性からすれば、男性の髪結よりも同性である女性の髪結のほうが安心して頼めるということから、寛永年間には女性の髪結が急増した。

「このごろは江戸の町々でその日暮らしの婦女までも結ぶことになっている。油や元結は髪結のほうから出して一度の結び賃が百文である。昔から慎ましく、収入相応に暮らす婦女は自分で毎朝髪結い化粧をしているが、髪結を頼む者は五日か六日おきに持髪《もちがみ》といって髪を結んでいる」（「塵塚談《ちりづかだん》」）

はじめは遊女や芸妓が髪結を頼んでいたのが、多くの女性が髪結を頼むようになった。五日か六日おきに頼む女性もいたようだ。

一人当たりが百文、月にして二朱一分（約3万7千円）くらいの収入があったという。一両は十六朱で、一分は金一両の四分の一だ。年に四両から五両（50万円）の稼ぎとなる。このほかに大名家や旗本家や豪商に出入りすると、料金とは別に「下され物」があった。これらを引き取り業者に売り払うとかなりの金額になった。

古典落語にしばしば登場する酒ばかり飲んで働かない「髪結の亭主」も、彼女らが一家を支えるほどの収入があったからだ。女髪結は女性の正業として一家を養えるほどの人気職業だった。

女髪結はそれぞれが競って新しい髪型を工夫した。また、小間物店と協力して櫛、笄、簪などの髪飾りの高級品を客に勧めた。これらの髪飾りは、かつては竹製であったのが鯨骨、鼈甲《べっこう》製、金銀製、蒔絵《まきえ》入りなどの高級品が作られるようになった。

幕府は髪飾りに高級品を使用するのをたびたび禁止した。水野忠邦《みずのただくに》も「天保の改革」で女

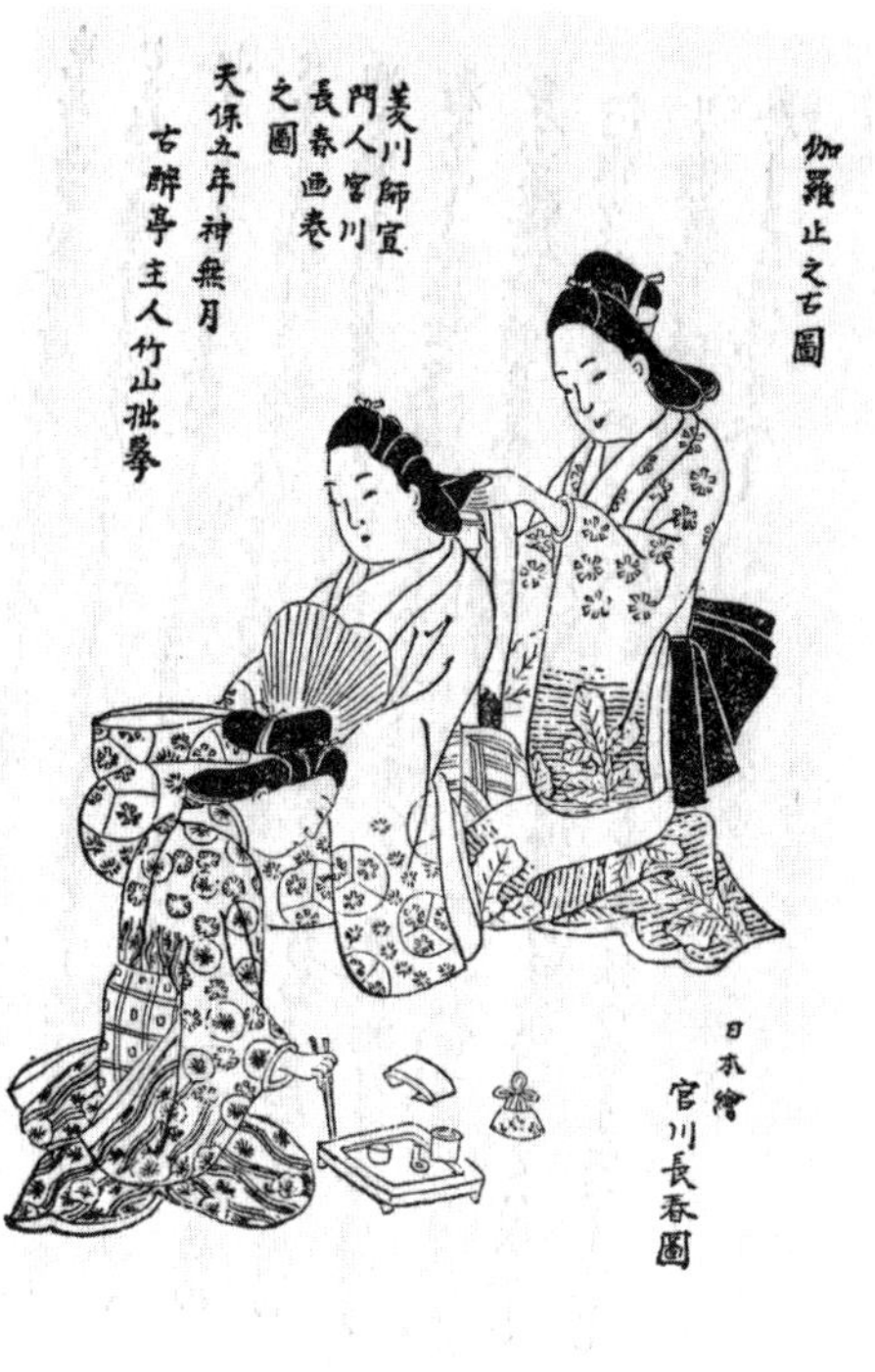

（生川春明《なるかわはるあきら》「近世女風俗考《きんせいおんなふうぞくこう》」）

髪結業を禁止した。しかし忠邦の失脚後には女髪結は以前にもまして増えた。

嘉永《かえい》六年（１８５３）六月三日、アメリカのペリー提督が軍艦四隻を伴って浦賀《うらが》に現れた。幕府は軍事衝突の可能性に備えて江戸湾警備のために諸藩に動員を下した。諸藩の国許《くにもと》からは続々と応援兵が江戸にやってきた。

これを稼ぎ時とみて歓迎したのが性風俗業界の女性たちだ。髪を飾り、きらびやかな衣装をまとって江戸入りする地方武士を待ち構えた。

ところが、幕府の江戸町奉行である池田頼方《いけだよりかた》が、六月九日に女髪結業千四百余人を一斉検挙してしまった。これは、性風俗業界の女性を検挙するには数が多すぎるので、ならば、髪を結べなければ商売ができまいということで女髪結を拘束したというわけだ。

幕末に蔓延《まんえん》したのが梅毒だった。その震源地が江戸であり、これを全国に広めたのが地方から江戸に出てきた諸藩の武士たちだったといわれる。

池田頼方は、地方武士たちが遊興に溺《おぼ》れるのを防ぐつもりで女髪結を拘束したようだ。

5、不景気が続く中でのヒット商品と縁起物ブーム

寛政五年（1793）

◎銭湯の数と同じくらい店舗数が増えた「焼き芋屋」

寛政《かんせい》五年五月、厳しい倹約政治を行っていた松平定信が失脚した。この年の冬にヒットしたのが「焼き芋」だ。

本郷四丁目の番屋で焼き芋を売り出した。このときまではさつま芋は蒸して食べていたから、焼き芋は初めてだった。

江戸では町内ごとに番人を雇い、火の番や町内の見回りをさせていた。また、夜間の安全のために木戸を作り、木戸の開閉を行ってもいた。

映画やテレビドラマの時代劇では、登場人物が自由勝手に動き回り、斬り合いをしているが、実際には幕府が管理する御門や大名家が管理する辻番、町内が管理する木戸番があって、

夜間の行動は制限されていた。

まず日没の三十分後にあたる暮れ六つ（18時）には三十六見附の御門が閉じる。宵《よい》五つ（20時）には旗本屋敷の門限となる。

そして夜四つ（22時）の時報の鐘（＊江戸城を囲む九箇所に設置された。最初に設置されたのは本石町《ほんごくちょう》三丁目。現在の中央区日本橋四丁目。江戸城にあった「時の鐘」を移し、鐘《しょう》楼《ろう》堂を建てた）が鳴ると町木戸の門が閉じられてしまう。しかも幕府の「火付《ひつけ》盗賊《とうぞく》改《あらため》役」という武装警察隊のような役人配下の者たちが巡回していて、挙動不審な人物を見つけると有無を言わさず逮捕連行して牢に投げ込むのだ。

だから、深夜の自由な行動、まして斬り合いなどはめったにあることではなかった。

さて、その町内の番人（＊番太郎とかバンタと呼ばれた）は町内の木戸の横にある番屋に住んでいたが、町内の自治会からもらう手当だけでは暮らせないので、雑貨などを売っていた。

本郷四丁目の番人は番屋の前に「八里半《はちりはん》」と書いた看板を出し、番屋の片隅に大甕《おおがめ》を据《す》え付け、その中で炭火をおこしてさつま芋を焼いた。おそらく番屋の囲炉裏《いろり》の火で焼いた芋を食べ、その美味さにハッとアイデアが浮かんだのだろう。

「享保《きょうほう》の大飢饉」（１７３２年）の後に儒学者の青木昆陽《あおきこんよう》によって江戸に伝えられたのが

「さつま芋」だったが、それまでは凶作のときの非常食と考えられていて蒸して食べており、焼いて食べるという習慣がなかった。

「これは商売になる」

とひらめいたらしい。

「八里半」という看板を出したのもアイデアだ。「八里半」とは「栗（九里）に近い」という謎かけ言葉だ。

このころ「心つけ」という謎解き遊びが流行っていた。「なになにとかけて何と解く」、「その心はなになにである」という言葉遊びだ。この流行に乗って、「八里半とかけて何と解く」、「焼き芋と解く。その心は栗（九里）に近い」という意味だ。

番屋の番人にしてはなかなか洒落《しゃれ》ている。長屋住まいの浪人学者あたりから「八里半と命名して売ってはどうか」と知恵を授かったかもしれない。

看板につられて買って食べてみると、確かに美味い。物価高のおりに安いのも魅力だった。評判が広まって、遠くから買いに来る人も現れた。

評判になれば、新規参入者が現れる。

小石川白山《はくさん》前に、「八里半」に対抗して「十三里」という看板を出した焼き芋屋ができた。「栗（九里）より（四里）」で、足して十三里、「栗より美味い」という謎かけだ。

安くて美味くて、おなかが膨《ふく》れる。貧しい細民には食事の代わりにもなるので、たちまち流行した。「特に女性が好む」と記録にあるから、焼き芋は誕生したときから女性の愛好物だった。

寛政年間（１７８９～１８０１）の末頃には、銭湯の数と同じくらい焼き芋屋があると言われるほど広まった。

ただし、武家や大店の家は焼き芋を貧しい人たちの食べ物と敬遠して食べなかった。庶民の食べ物だったのだ。

この焼き芋だが、近年スーパーマーケットの一角につぼ焼きなどで売っているのを見るようになった。また、ブランドを厳選した高級志向の焼き芋専門店も登場したりしている。焼き芋ブームのようだ。

過去に流行したが、一時は忘れられてしまった商品の中にも再流行する可能性がある。その一例として焼き芋を取り上げてみた。

◎先見の明あり！　山東京伝《さんとうきょうでん》が客を引き寄せた「引き札《ふだ》」

寛政七年（1795）

「引き札」とはチラシ広告のことだ。

著者不詳の「梅翁随筆《ばいおうずいひつ》」に、

「このごろ山東京伝といって、当世本草双紙などの作をなして名が高い。この者は京橋に二、三年前に煙草入れ店を出したけれども、寛政七年五月二十四日に芝愛宕《あたご》の縁日において山内《さんない》で安売りの引き札口上を画と文字とを混ぜて認め、判《はん》じ物《もの》（＊ある意味を文字・絵などに隠して示し、それをあてさせる一種の謎解き）にして配りたるが、世間の評判となり、その刷り物に包んで煙草入れを商《あきな》ったので、刷り物を見ようと、京伝の煙草入れを遠方よりも買いにきて大いに繁盛せり」

とある。

いっぽう「嬉遊笑覧《きゆうしょうらん》」には、

「大坂屋平六は諸風散《しょふうさん》という風邪薬をこしらえ、そのころにはいまだ引き札などというものはないときに、詳しく風邪が治る理由を書いて、初めて辻々で引き札を配った。おりしも風邪が流行って、この薬が夥《おびただ》しく売れ、にわかに平六は金持ちになってしまったそうである」

と書いてある。

「嬉遊笑覧」にはいつのことなのか時代が書いてないから、山東京伝より早かったのか遅かったのかがわからない。ともかくチラシ広告を配り、客を引き寄せるというアイデアはこのころに生まれ、この後に広まったらしい。それまでは店の宣伝といえば店先に出している看板だけだった。行商人は商品名を連呼しながら売り歩いていた。

山東京伝は人々が集まる場所でチラシ広告を配るという宣伝方法を思いついたのだ。

彼は江戸日本橋に貸家を持つ裕福な家に生まれた。一等地に貸家を数軒持ち、その家賃収入で一家は暮らしていたという。また父親は煙草店をやっていたというから、生活には困らなかったらしい。

本名は伝蔵といった。オマセな少年だったらしく、十代で酒、煙草をやり、吉原遊郭に出入りしていた。そのくせにケチで、本は買わないで他人から借りて読んでいたという。

十五歳のころ浮世絵師である北尾《きたお》重政《しげまさ》の弟子となり、北尾政演《まさのぶ》と名乗る。かたわら狂歌会に加わり、「身軽の折助《おりすけ》」と狂名を名乗った。

戯作者《げさくしゃ》に狂歌会の仲間が多いのは、出版関係者も狂歌会にいたからで、戯作を書けそうな仲間に「書いてみないか」と声をかけたからだ。それで遊びの小遣い銭稼ぎに筆をとったのだろう。

はじめは草紙本の挿絵を描いていた。そのうちに、「あのような物語ならばオレでも書ける」と思ったかどうかは知らないが、戯作本を書き始めた。

京伝の作品は学問臭さがなく、平易な庶民言葉で、しかも軽妙洒脱であったから、たちまち人気作家にのし上がった。

前述したように草双紙は正月だけに売り出された。年間を通じて発売されるわけではない。人気作家は三冊や四冊も書くが、たいていは一冊だ。その原稿料だけで生活するのは苦しいから、多くの作家は本業を持っていた。

そもそも「戯作者」という「戯」とは「たわむれ」という意味であって、本業を持ちながら、「たわむれ」（ひまつぶしの遊び）に書くので「戯作者」という呼称がついたのだ。

寛政年間の初めに、のちに滝沢馬琴《たきざわばきん》として長編小説作家となる滝沢清右衛門《せいえもん》が酒樽を担《かつ》いで京伝の自宅を訪れ、弟子入りを頼むと、京伝はこう言った。

「草双紙を書くというのは、世を渡る家業があって、そのかたわらでなぐさみものとして行うものだ。現在人気がある柳亭種彦《りゅうていたねひこ》は古本屋をやっているし、式亭三馬《しきていさんば》などは薬種屋《やくしゅ》をやっている」

戯作者だけでは暮らしていけない。まず本業を持ち、それで暮らしていけるようになってから戯作を書いたらいい、と忠告したのだ。

そういう京伝も父から煙草屋を相続し、薬種屋の株を買って薬種屋も開いていた。彼のもう一つの顔は商人であったのだ。

戯作のほうで新しい作風を生み出したが、商いのほうでもいかんなく創造性を発揮した。彼は本が宣伝媒体になると気が付いた。そこで自分の作品の最後のページに戯画化した自分の肖像画を載せて、新年の挨拶を書いたりしていた。さらにほかの自分の作品の広告を載せたりした。これは本に広告ページを設ける先駆けとなったもので、この後に多くの版元が自社が発売している本の広告を載せるようになった。

「京屋」という屋号の煙草屋で刻《きざ》み煙草入れを売る際には、煙草や煙草入れの広告パンフレットを作り、弟子たちを使って近所に配らせた。寛政六年の夏だった。

京伝はこのパンフレットを「説帖」と漢字で書き、「こうじょう」とルビをつけている。

「口上書き」という意味だろう。

「去年の秋に紙製の煙草入れの店を開店いたしましたところ、これは妙味がある、これはきつい味がするなどと何右衛門様、何兵衛様、源公や甚公に噂が広まり、江戸は申すに及ばず、諸国からも次々に御注文を受けて、製作がまごつくほど、九尺二間の小店にしては大当たりでございました。

これはまったく各々様のごひいきのおかげだと、有田山の寒トンビ、とろろで麦飯を食うように、家内の腹具合もすこしはよくなったことでございます」

紙数のつごうで全文を引用できないのが残念だが、いかにも京伝らしい戯作調のおどけた文章で刻み煙草入れの立派な作りを宣伝し、利益が目的ではないので安い価格で売ると書いている。

この煙草入れは夏用の織物から作ったもので、京都の織物業者に注文した。紙製のものが売れたので、より価格が高い高級品の布製を売り出したということらしい。

色違い、絵模様違いの数種類の煙草入れを作り、客の好みに応じるようにした。このなかでも山東京伝の名入り刺繍《ししゅう》の品があり、京伝ファンを取り込むつもりでいた。

最後に、京伝の「口上書き」はこう書いている。

「東は松前蝦夷錦《えぞにしき》、西は琉球つむぎ島、六十余州の隅から隅まで、遠からん者は飛脚《ひきゃく》頼りのご注文、近くは店においでくだされ」

飛脚便での通信販売も行ったのだ。

その後、京伝は人が集まる芝の愛宕《あたご》神社の縁日でチラシ広告を配らせた。この広告には「判じ物」を載せて、答えが合った者には割引すると書いていた。

その後も彼はチラシ広告を工夫し、「持参致され候《そうろう》御方《おかた》には割引仕《つかまつ》り候《そうろう》」とか、「福引き進呈」とか書いて、客を引き寄せた。

煙草入れの成功に気を良くした彼は、「読書丸《どくしょがん》」と名付けた目薬を販売する。清人覚世道人《しんじんかくせいどうじん》という古代中国の道人が発明した秘伝の薬というふれこみだ。一包に十五粒が入り、価格は銀一匁五分（３３００円ほど）だった（次ページ挿絵参照）。

読書家は目が疲れる。そうだ、読書家向けに目薬を売ろうと、直感的にひらめいたのかもしれない。目薬の効能には疑問が残るが、本人は殊勝《しゅしょう》気《げ》にこんなことを書いている。

「拙者《せっしゃ》も赤本の隅を読みかじり、まんざら利益を得ようとする輩《やから》ではございませぬ。高価な衣装を身に着けた商人や金を貯《た》め込むのに懸命な連中の仲間ではなく、不義をして金を貯めるとかのようなことは煙草の煙のようにはかないものと悟っております。まったく欲心は

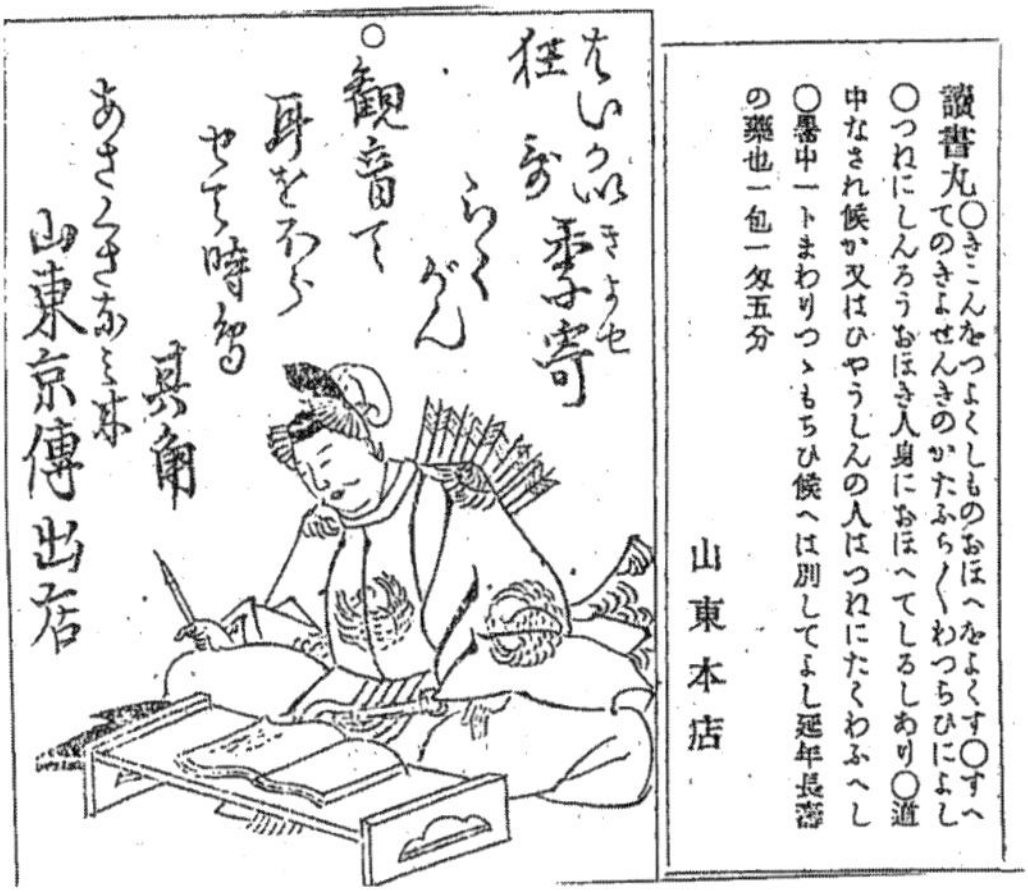

（山東京山《さんとうきょうざん》「山東京伝一代記《さんとうきょうでんいちだいき》」）

ございませぬ」

胡散臭《うさんくさ》い「読書丸」も自分の本の中で宣伝したり、チラシ広告で宣伝した。１４５ページの挿絵は本の中での広告だ。

京伝は、不特定多数の人たちに物を売るためには積極的な広告宣伝が大事であることに、いち早く気が付いたのだ。彼が考えついたアイデアが本を媒体とする広告とチラシ広告だった。

現代でもなお同じ広告方法が行われているのだから、彼の先見性がわかるだろう。

◎遊女に受けた縁起物《えんぎもの》「叶福助人形《かのうふくすけにんぎょう》」

享和三年（1803）

享和《きょうわ》三年冬に「叶福助人形《かのうふくすけにんぎょう》」と名づけた土人形が流行した。

土人形とは古来からある粘土細工品であり、磁器や陶器が椀や皿や壺を作ったのに対して飾り物として人形や動物を作った。古墳時代の埴輪《はにわ》が祖先だというから、歴史は古いのだ。粘土で原型を作り、その上にさらに粘土でくるんで二重にする。これを焼いたあとに表面の粘土細工をはがして彩色する。人物埴輪が祖先なので、大小さまざまな人形が作られてきた。時代が下るにつれて動物や想像上の神仏や動物が作られるようになった。

古墳時代には大王や豪族が死去して古墳に埋葬される際に人間を殉死《じゅんし》させる習慣があった。これが残酷だというので、人間に代わるものとして埴輪を作り、埋葬した。宗教的な性格を帯びていることから、その末裔《まつえい》である土人形も宗教的な性格を帯びた物が多かった。

室町時代に流行した七福神の土人形や江戸時代に流行した雛《ひな》人形などがその例だ。人々の土俗《どぞく》信仰を狙って作られた土人形を「縁起物グッズ」とすれば、他方では人々の美的感覚に訴える美術品としての土人形があった。代表的なのは美人人形だ。こちらは美術品として家において飾るものだから、「飾り物グッズ」と名づけよう。

「縁起物グッズ」は神棚に供《そな》え、「飾り物グッズ」は箪笥《たんす》の上などに飾るのが平均的庶民の暮らしであったようだ。

「叶福助」と命名された土人形は「福が叶《かな》う」という意味がこめられており、「縁起物グッズ」なのは明らかだ。

京都伏見《ふしみ》の焼き物師が享和三年十月頃に製作したところ、人気が出て売れたという。似たような縁起物グッズは七福神などのほかにもたくさんある。だるま人形だの羽子板だの破魔弓《はまゆみ》だの寺社のお札《ふだ》だのと、無病息災、家内安全、商売繁盛の縁起物グッズはあふれるほどに売られていた。

それが多ければ多いほど幸運が舞い込んでくるわけでもないだろう。もうすでに充分な縁起物グッズを飾っているはずなのに、それでも叶福助人形は売れたらしい。類似の人形を売る職人が増え、江戸でも流行した。

それでは、なぜこれがヒット商品となったのだろうか。

ヒット商品が生まれるのには、その時代の社会の雰囲気や人々の心理状態が無関係ではない。人々が今何を望んでいるか、何を願っているかを、嗅覚《きゅうかく》で感じ取った職人や商人がヒット商品を生み出すのだ。

ということで、享和三年とはどのような年だったかを見てみよう。

前年の享和二年の夏に全国的に大雨強風に襲われて各地に洪水があった。江戸も例外ではなかった。隅田川があふれて洪水被害が少なくなかった。

年が変わって享和三年になった。洪水被害から立ち直って、日常生活が戻ってまもなく、春ごろから感染症である麻疹《はしか》が江戸で流行《はや》りはじめ、五月には全国に広がったという。長崎、大坂、京都でほぼ同時に発生したという。

この年の初めに幕府は商業振興のために従来は長崎で輸入した商品は大坂の問屋だけが落札できたのを改正して堺と京都の問屋も落札できるようにした。これにより長崎に人が集まったことで外国船の乗員からもたらされた麻疹が大坂、京都、堺、さらには江戸に広がったと思われる。

麻疹は子どもがかかる病気だが、大人も感染して多数の死亡者が出た。

夏ごろには収束に向かったが、十月ごろには前年に続いてインフルエンザが流行し始めた。

近年の新型コロナ感染症の流行で、江戸時代の感染症の流行の際の幕府の対応策についての関連書籍が数多く書かれているから、ここでは触れない。医学が未発達な時代であったから、洪水被害、インフルエンザ、麻疹を挟んでのインフルエンザという連続パンチには、日ごろ威勢がいい江戸町民たちも精神的に参っただろう。

病気に対する不安だけではない。江戸への物流が混乱して物価高になる。密を避けるために劇場、盛り場、銭湯、料理屋、物見遊山などに人が行かなくなる。風邪ばかりか不景気風が吹きまくったのだ。

朝廷が享和四年二月十一日をもって「文化《ぶんか》」と元号を改めたのも、これらの災害が鎮まるのを願ってのことであった。

次のような狂歌が詠《よ》まれている。

「年ごとに流行《はやれ》とこそ祈るなり

　薬種の店に福の神風」

薬屋が繁盛した。

医者とうどん屋も忙しかった。米の価格が高いので、庶民は外食するのには安いうどんを食べていた。

「医者は飛びうどんは売れる世の中に

なにとて湯屋はつれなかるらん」

銭湯はどうしても人が密着状態になるので、感染を恐れた庶民に避けられたようだ。客が来ないので、朝風呂だけで閉店するところが多かったという。

有効な治療薬もない。神仏に祈っても流行は収《おさ》まらない。既存の縁起物では物足りない。現代の私たちが、なかなか収束の見込みのないコロナ感染症の流行に将来の不安や苛《いら》立《だ》ちを感じているように、当時の人々も同じ心理状態に陥っていたのだろう。

そのようなところに登場したのが「叶福助」人形だった。

下谷《したや》龍泉寺《りゅうせんじ》町《ちょう》の田圃《たんぼ》の中にポツンと建っている鷲《おおとり》大明神（おとりさま）という神社があった。現在の台東区千束《せんぞく》三丁目にあるのがこれだ。現在は田圃の中どころではなく、ビルやマンションや寺社が密集している浅草の繁華地域だ。

毎年十一月の酉《とり》の市《いち》で開運・商売繁盛のお守りとして熊手を売る店が並び、賑わいを見せている、知る人ぞ知るという神社だ。

ペンネームを桃花園《とうかえん》三千麿《みちまろ》と名乗る江戸時代後期の戯作者で狂歌師だった人物は、文筆業で生計を立てていた。彼がこの鷲大明神に興味を持ち、神社を訪ねて由来を聞いてみた。

「霜月酉《しもつきとり》の日を酉の祭《まち》といい、その日の賑わいは浅草の酉の市にも劣らない。千住《せんじゅ》にもこの神を祀《まつ》る大鷲《おおとり》神社というものがある。この神はどのような霊を祀るのかを知りたくて、その由来を尋ねたく、そこを訪ねてみた。その二つの神社の神主に聞いてみたが、どんな神を祀っているのかわからないという。ただ、飾ってある御真影《ごしんえい》には衣冠《いかん》装束を着た立派な人物が鷲《わし》の上に乗って立っている像があるばかりだ。

この像の謂《い》われを訊《たず》ねると、詳しいことはわからないが、言い伝えによれば昔に大きな鷲が一羽飛んできて、下総《しもうさ》の国の安飯《あじき》というところにとどまり、人々の幸福を守ったというので、ここでも祀ることにしたという。

そこで私は思い浮かぶことがあって、そうであるならばここの神は下総の神社が本社であり、そこから千住に移り、千住からここに伝わったものではないかと聞くと、そのとおりであるという返事であった」(「萍花漫筆《ひょうかまんぴつ》」)

桃花園はここで調査を打ち切るような男ではなかった。

下総の安飯にある神社とは、現在の千葉県印旛《いんば》郡安食《あじき》にある大鷲《おおわし》神社だろう。

桃花園は安飯の神社まで出かけて、この由来を調べた。そして、祀ってあるのは相撲の始祖と言われる野見宿禰《のみのすくね》だと突き止めたのだ。

野見宿禰は同じく相撲の始祖といわれる当麻蹴速《たいまのけはや》と相撲を取って蹴速に力技で勝ち、のちに相撲の神として祀られた。さらに垂仁天皇《すいにん》が亡くなる際には殉死の風習に反対して、生きた人間の代わりに埴輪を埋葬するように進言した。このことで彼は土師連《はじのむらじ》という称号を受けて埴輪制作集団の長となった、という伝承がある。

このような「日本書記」の記述から、鷲《おおとり》神社は人々に幸福をもたらすという鷲の伝説に野見宿禰の伝承を加えたと桃花園は結論をつけた。

「野見宿禰がわが日本において土人形を作ったはじめである。これほどの功績があれば、神に祀られるのももっともである。幸運の神と称して、わけても相撲や役者はもちろん、遊女芸者などなどに至るまでも参詣するのはいわれがないことではあるまい。昔は遊女を残らず参詣させたという記事が見えるほどであるから、この地方の祭日となれば、ますます地方の繁栄に力をそえているのだろう」（「萍花漫筆」）

桃花園三千麿はこのように鷲神社の賑わいの謎を解《と》いている。

察しのよい読者は鷲神社と福助人形とになぜ関係があるかがわかったろう。鷲神社は埴輪の伝統を受け継ぐ土人形に関係していたのだ。現在に残る千住の大鷲神社や浅草の鷲神社は同じ神を祀るそこの分社というわけだ。

千住の大鷲神社や浅草の鷲神社は幸福の縁起物として古くから土人形を売っていた。酉の市で商人が売れる物は栗、きび、切り餅、さつま芋、青竹、茶筅《ちゃせん》、熊手、今戸《いまど》焼人形に限られていた。

浅草の鷲神社の参詣人は特に相撲の力士や遊女・芸者が多かった。野見宿禰を神として祀っていたからだ。力士は相撲の神として、遊女・芸者は商売繁盛の土人形が目あてで参詣していた。

享和三年十一月の酉の市にも様々な姿形の土人形が売られていたろう。ここでは現在の台東区今戸《いまど》の焼き物職人が製作する土人形が売られていた。最盛期には五十軒ほどの焼物職人が土人形、瓦《かわら》、火鉢、植木鉢、茶道具などを製作していた。中でも土人形は今戸人形として人気があったという。

そのような焼き物職人の誰かが京都で叶福助人形の人気を知り、それをまねて作ってみたらしい。その職人については諸説があり、特定はできない。この焼き物を仕入れた商人が酉の市でほかの縁起物グッズとともに並べて売ったということだろう。

京都で流行した人形は耳が大きく、しかもとがり、口は大きく唇が厚い。歯をむき出しにして大笑いをしている異形《いぎょう》の顔つきだ。幸福のあまりに高笑いをしているように見える。これにたいして江戸の人形は頭でっかちでやさしい愛らしい表情だ。上下《かみしも》を着て大人のようだが、顔つきは子どものように愛らしい。この愛くるしさが遊女や芸者たちを、「ワー、カワイイ」と飛びつかせたのかもしれない。

既成の縁起物グッズではさっぱりインフルエンザの予防効果がない。今度はこれを試しに買ってみようという気持ちが働いたのだろう。

遊女たちがなかばおもしろがって買った。これが口火となって、彼女たちの常連客である商人層が、

「ウーム、面白い。うちでも買ってみるか」

となったのだろう。

密を避けるのが感染予防の鉄則とはいえ、遊び心を抑えられない人がいるのが世の常だ。

文化元年（１８０４）になって、この人形を神棚に上げて、朝夕に膳を供え、信心すれば願いがかなうという風評が広まった。「文化」と改元されて、新しい時代を期待する商家が縁起を担《かつ》いで買うようになり、さらに一般に広まって次の年までヒット商品となった。

今戸の焼き物職人たちがほかの焼き物作りを中断して福助人形の模倣《もほう》作品を作りまくったことは言うまでもないだろう。

これ以前の宝暦《ほうれき》年間（１７５１〜６４）には、男性の陽物《ようぶつ》を木彫りにして「金精《こんせい》大明神」

と命名した縁起物グッズが遊郭の吉原で流行した。遊客が来るのを願って神棚に供えたという。こちらは明治時代初めに禁止されるまで吉原遊廓で信心されていた。

また「叶福助人形」に先立ち、寛政年間（1789〜1801）には、「撫《な》で牛」という焼き物の牛像が流行したことがある。この牛の腹に金を入れた財布を入れて、小さい座布団の上に置き、御供えなどをして信心すれば金運が良くなるという触れ込みだった。

そのほかにも様々な同種の置物が作られただろうが、売れずに消えたものもあったろう。また、後の嘉永《かえい》三年（1850）には浅草の野菜の行商をしていた男が、焼き物の猫を浅草寺の境内で売り出した。今戸焼きの猫を仕入れて、筵《むしろ》の上に並べ、商売繁盛の猫として売り出したのが「招き猫」の置物の始まりだ。

これが「猫」とあだなされる遊女や芸者に買われた。彼女たちの客を招くときの手つきが猫の手の動きを連想させるので、彼女たちは隠語で「猫」と呼ばれていた。それで彼女たちは、

「ならば商売繁盛を願って」

と、招き猫を買ったという。

彼女たちが小さい座布団を造り、その上に焼き物の猫を置いて、「お猫様」と呼んで信心

（桃花園《とうかえん》三千麿《みちまろ》「萍花漫筆《ひょうかまんぴつ》」）

した。これが商店に広まり、商売繁盛や金運の縁起物として流行したのだった。

商売が繁盛するならば、猫でもたぬきでもイワシの頭でも信仰したい。１５７ページの挿絵は人間の金銭欲に付けこんで酉の市で売られていた商品で、中央にあるのが福助人形だ。

6、新商法が躍動するいっぽうで旧《ふる》くなってしまった江戸初期の新商法

◎旧い販売方法から新しいサービスへ「野菜、魚の切り売り」

文化年間（1804〜18）初め頃

「近年は山芋、牛蒡《ごぼう》、その他の青物類は鍋に入れて、煮るばかりにして洗い売りしている。最初は日本橋ではじめたが、今はどこでも右のようにしている。調理に手間もかからないし、便利である。豆腐屋も買う人の望みに任せて、田楽や八杯豆腐《はちはいどうふ》（＊豆腐を水六杯、醤油一杯、酒一杯の割合の汁で煮た物）など、手間が掛かる物も切り売りしている。魚屋や魚売りも、どのようにこしらえましょうかと聞いて、刺身や切り身にしてくれ、尾や頭もていねいにこしらえて売ってくれる」（『塵塚談《ちりづかだん》』）

激しい販売競争の中で、調理の手間が省《はぶ》けるようにサービスをする売り方が八百屋や魚屋

で始まった。調理したおかずを売る「煮売り屋」がすでに誕生しており、これに危機感を抱いた八百屋や魚屋が集まる日本橋でも始まると、またたくまに江戸全体に広がった。「煮売り屋」、つまり現代の「総菜屋」だ。江戸研究の第一人者である三田村鳶魚《みたむらえんぎょ》によれば、文化年間の初め頃江戸職人の賃金が跳ね上がり、職人たちの生活がぐっと良くなったという。煮売り屋の繁盛は職人たちの生活水準の向上に後押しされていたのかもしれない。

　このころ七十歳ぐらいだった「塵塚談」の作者の小川顕道《おがわけんどう》は、

「近年は江戸の諸商人が昔の実儀にして人に対して飾り気のない風はどこかに消えて、四民ともに家居《かきょ》、器物、言語まで奢《おご》り長じ、心中は卑《いや》しくなり、ただ利欲に賢《さか》しく、軽薄の風に流されている」

　と嘆いている。

　売るためにサービスをするのが、利欲のために消費者に媚《こ》びているように思えたようだ。また、調理の手間を省く消費者が贅沢に見えたのだ。

　そういえば昭和三十年代に電気炊飯器が登場した時には、

「主婦がますます働かなくなる」

　と批判めいたことを言っている評論家がいた。

6、新商法が躍動するいっぽうで旧くなってしまった江戸初期の新商法

（葛飾北斎　「北斎漫画」）

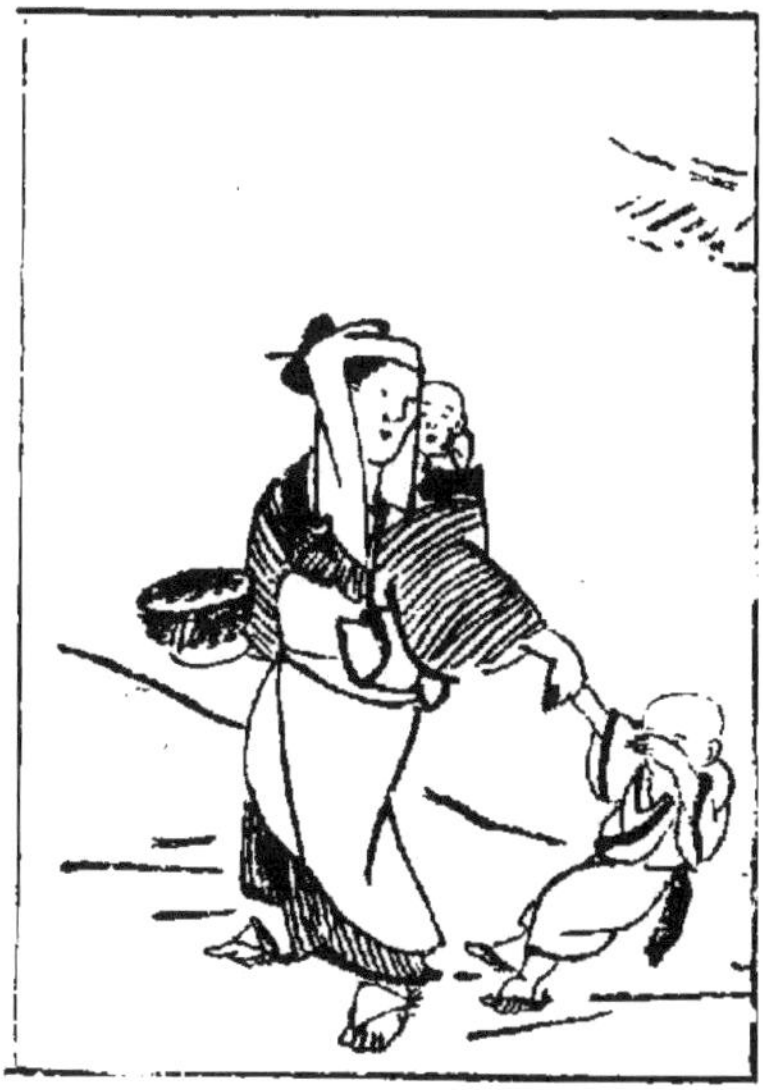

金さえあればの話だが、煮売り屋の登場で主婦労働は軽減された。大名家はもちろん旗本、御家人や商人の家では、「飯炊き」と呼ばれた女性を雇い、夫人は奥様と呼ばれて食事を作ることはなかったが、「飯炊き」を雇う金もない庶民の「嬶《かかあ》」は身を粉にして家事労働に従事していた。子だくさんの育児をしながら、薪《まき》や炭に火をおこすことから始まってお釜で飯を炊き、汁や煮物を作っていた。

この煮物を作る手間が省けたというだけで労働が軽くなったのだ。しかも多彩なおかずが買えるのだから、彼女たちがこれを歓迎したことはたしかだろう。

いっぽう商人からすると庶民の主婦たちのニーズがそこにあるとみてとったわけだ。守旧派にはそのような商人は「利欲に賢《さか》しく、軽薄だ」とみえたのだろう。

明治時代以降の日本の産業発展の原動力となったのは「禁欲勤勉」という儒教精神があったからだという説があるが、とんでもない。守旧派儒学者は「禁欲重労働」を善《よ》しとしていて、産業発展は働く者の低賃金重労働の上に成り立っていたのだ。

161ページの挿絵は夕食のおかずを買って帰ろうとしているおかみさん。泣いている子どもは欲しいものがあったのに買ってもらえなかったのでぐずっているのだろう。現代でもスーパーなどでよく見かける光景だ。

◎百円均一ショップの先駆け「三十八文店」

文化七年（1810）

作家の式亭三馬《しきていさんば》の「式亭雑記《ざっき》」に次の記事がある。

「去年の歳暮からこの春にかけて、三十八文（950円）見世《みせ》という商売が大いに行われた。小間物類の品々を露天に並べ置いて、値段を三十八文に定めて商《あきな》うのである。塗《ぬ》り枕、あぶりこ、櫛《くし》や簪《かんざし》、茶ほうじ、小児の手遊び道具類、なにかと差別なく仕入れておいて、四つ辻の橋詰めなどに筵《むしろ》を敷いた店を構え、売り声がすぐれて潔《いさぎよ》く、神事や法事などの場には両側に軒を並べて三十八文と叫ぶ。

今年の夏になってもいまだに流行していて、町々の辻に絶えない。この商人の呼び声いわく、

『なんでもかんでもよりどりにて三十八文、あぶりこでも金網でも三十八文、ほうろくに茶ほうじ添えて三十八文、銀のかんざしに小枕をつけて三十八文、はじからはじまでよりどりで三十八文、京伝でも三馬でもよりどりで三十八文……』

この『京伝でも三馬でも』という口上を耳にして、いぶかしさに足を止めてみれば、三年前の古版となっている自分の絵双紙の合本だった

とうとう江戸に「百円均一ショップ」の先駆けが出現した。香具師《やし》と呼ばれた大道商人が始めたという。

「広辞苑」によると、香具師とは「縁日・祭礼などの人出の多い所で見世物などを興行し、また粗製の商品などを売ることを業《ぎょう》とする者」と書いてある。

式亭三馬の作品は「雷《いかずち》太郎《たろう》強悪物語《ごうあくものがたり》」という仇討ちモノであり、十冊を上下巻二冊の合巻《ごうかん》にして正月に出版した。これが合巻本の流行の口火を切ったのだが、粗製の商品扱いされていては三馬も面白くなかっただろう。

ただし正規販売の定価は三十二文（800円）だから、値上がりはしている。これには悪い気はしなかったのではないか。

江戸の塩町《しおまち》（現在の中央区日本橋横山町、日本橋馬喰町一丁目）や油町（現在の中央区日本橋大伝馬町）には、今でいう「バッタ屋」があり、売れ残り品や倒産品を安く仕込む小間物問屋があった。ここから出てくる商品を「塩町物《しおまちもの》」と呼んでいた。中古品ではなくて、新品なので人気があった。

ここから香具師が安く買い付けて、専門店よりも安く売ったのだ。筵《むしろ》の上に商品を並べるだけだから、設備投資も維持費もかからない。そのぶんさらに安売りができるわけだ。

越後屋の「現金安売掛値なし」の商法が価格破壊の道を拓《ひら》いたとすれば、三十八文店は安売り店をさらに下回る価格で売ったのだ。

デパートをスーパーが破り、そのスーパーをディスカウントショップが苦しめる。

文化《ぶんか》八年に式亭三馬は、

「三十八文店、最近になっては十九文、十八文、あるいは十三文、十二文など、大安売りの商人が出来る」

と書いている。

また大田南畝《おおたなんぽ》は十九文店に驚いて書いている（『蜀山《しょくさん》南畝集』）。

「ちかごろ流行《はや》っているものとして、なんでも十九文と看板を出して、いろいろのものを並べ、けっこうな身なりをした男たちが大声でなんでも十九文と叫んでいる、ここかしこにおびただしい。二、三年前に京都東の三条の川岸に場所をとり、筵の上に様々な物を並べて十九文の書き付けを立てて売っていたが、いつのまにかあちらこちらに広まっている。特に三条川端の涼みの場所に十九文物卸《ものおろし》しなどと看板を出しているのは、場違いのようで滑稽である。さらにところどころには煮売り屋もあり、なんでも十九文とある。そこに入ってみると、酒をだしても銚子一本が十九文、魚のたぐい、吸い物にいたるまで十九文であるという。

これが面白いというので、大いに流行している。

またこのころ安堂寺町筋の芳賀市《いち》の出口にあらたに繁華街ができ、ここでも涼みの桟敷《さじき》ができた。ここでは茶を出したり、歌舞も許可されたので、女郎、芸子、たいこもちにいたるまで十九文で呼べるという。

時代の風俗とはいいながら、昔の風俗に比べて劣っているだろう」

安いことはけっこうだが、安い商品は品質が劣るし、どうしても商品自体が安っぽく見える。値段が高価だと価値があるように見えるから人はそれを大事にするのだ。

目が肥えた文化人でもある大田南畝は、ただ安いからという理由で十九文店に群がる流行に寂しさを感じたのだろう。

価格破壊の値下げ競争が始まった。その背後には産業や商業が発展して、商品が過剰になったことがあるだろう。

この時代、銭相場の下落から物価高になり、豆腐の値段も一丁で60文という値段だった。

十二文均一となれば、豆腐の四分の一よりも安い価格だ。現代であれば、百円ショップ以下の価格、代々木公園などで開かれるの青空市場並の価格だ。

このころ越後屋は「正札付き現金販売法」が業界全体で一般化したために優位性を失い、また人件費の高騰もあって不振に喘《あえ》いでいた。長い間「現金安売掛値なし」という商法に甘んじ、新しい販売方法を考えなかったツケが廻《まわ》ってきたのだった。

◎毎日の不便さを解消した「おはぐろがはげない薬」

文化七年（1810）

「こういうものがあれば便利だが」

という日常生活の不便さに目をつけた者が商品を発明する。

江戸の職人や商人や辻売り商人は、「よくもまあこんなものを考えたものだ」と感心するくらい、いろいろな商品を考案した。売れたもの、売れなかったもの、これらすべてを書くだけで一冊の本ができるだろう。

怪《あや》しげな商品も少なくない。文化七年冬にヒット商品となった「おはぐろがはげない薬」は、その一つだ。

結婚した女性が歯を黒く染めるのは、平安時代頃に宮中や公家の女性のあいだで行われていた。これが「おはぐろ」だ。

鉄片を茶の汁、または酢の中に浸して酸化させた褐色で悪臭の液《かね》に、付子《ふし》の粉を付けて歯に塗るのだ。付子とはヌルデの若芽・若葉などに一種のアブラムシが寄生し、その刺激に

（竜田舎《たったのや》秋錦《しゅうきん》「新増《しんぞう》補《ほ》浮世《うきよ》絵《え》類考《るいこう》」）

よって生じた瘤《こぶ》状の塊《かたまり》のことだ。着色剤としてタンニンが含まれている。

おしゃれの流行は上流から下流に流れ、食べ物の流行は下流から上流に向かう。室町時代頃にはおはぐろは民間にも流行して、女子九歳の頃に歯を黒く染めるのを成年の印とした。江戸時代には結婚した婦人は皆行った。

おはぐろの不便さは食事をすればはげてしまい、食後に染め直さなければはならないことだった。女性はこの面倒さに困っていた。

ここに注目して、はげない薬を発売した男がいる。

油町で炭屋を営む喜十郎という男だ。文化七年冬に「瑠璃《るり》の露《つゆ》」と名前をつけて売り出した。ガラス瓶に容《い》れた水薬が四十八文（１２００円）。口に含んでぶくぶくやると、おはぐろがはげないという触れこみだった。

原料は「炭酢《すみす》」だったらしい。本業が炭屋なので、炭酢を使ってできないものかと研究したのだろう。

「瑠璃の露」という女性好みの商品名も受けて、大当たりとなった。これがヒットすると、塩河岸でも「三能水」と名付けて売り出す店があった。おはぐろ塗りの面倒さから解放されるとあって、女性客が殺到したという。

それにしても、これまでこうした「薬」が売られなかったのが不思議だが、喜十郎が発明するまで、誰も気がつかなかったのだ。

これにヒントを得た作家で薬店を経営していた式亭三馬は、「おしろいがはげぬ薬」を考案して売り出した。原料や調法についてまったく書いていないところをみると、眉唾《まゆつば》もののインチキ薬であったのだろう。

「江戸の水」と命名し、ガラス瓶に詰めて桐箱に入れ、四十八文で売った。

「式亭雑記」によると、越谷《こしがや》の箱屋長七と浅草の箱屋利助に桐箱を注文し、ガラス瓶は大伝馬町のガラス屋の平井善右衛門に注文した。初めに三千箱を作り、売れ行きが良かったのでさらにすぐに追加で百五十箱を注文した。

「思いのほか流行する」。

「あとは追々誂《あつら》え置く。しごく良し」

と日記に書いて、売れ行き好調に喜んでいる。

ちなみに彼は先輩作家の山東京伝を強く意識していたようで、作家のかたわらビジネスに手を出したのも、京伝を見倣《みなら》ったようだ。

169ページの挿絵は式亭三馬の肖像だ。

◎売り手のキャラクターが大受け「おまんが飴」

文化年間（1804〜18）末

「文化の末より町々に飴を売り歩く男がいた。平常は黒木綿の衣類に大きな角木瓜《かくもっこう》の五所《いつところ》紋《もん》をつけて、青紙を張った笊《ざる》を負《お》い、声おかしく、おまんが飴じゃに、一丁が四文（100円）、と呼び売り歩く。みな人が待っていて、飴を買えば、そのとき女の身振りをして、ほんにおもえばきのうきょう、小さいときからおまえにだかれ……と言い、常盤節《ときわぶし》をひとくさり歌うのみ」（青葱堂冬圃《せいそうどうとうほ》「真佐喜《まさき》のかずら」）

文化年間の末に江戸で話題となった「おまんが飴」だ。

「三十ばかりの男であり、黒い塗り笠をかぶり、黒い着物に黄色の帯を前で締め、桃色の木綿の前垂れをかけ、赤い鼻緒の草履《ぞうり》をはき、口には紅《べに》をつけ女の姿でやってきて、いやらしい目つかいをして、おまんが飴だにいつしか四文じゃと呼び来る」（四壁庵茂蔦《しへきあんしげつた》「忘れ残り」）

という証言もある。

売る飴はなんの変哲もない、安物の飴であった。女装していやらしい目遣いをしたというから、男を誘うような媚態《びたい》を含んだ目つきでもしたのだろう。飴売りは客の目を引こうとしてそれぞれ工夫をこらし、奇抜な姿をし、踊ったり、唄ったりして町を歩いた。

ただ男が女装して売り歩くのは初めてだから、話題にもなり、「どれ、ひとつ買ってみよう」という気にさせたらしい。

宝暦（1751～64）の初めに「おまん鮓《ずし》」というのが売り出されて評判になったことがある。「おまん」とは当時の吉原の遊女の名らしい。その遊女が口に付ける紅がきれいだという評判で、夕日が雲に映って紅色に綺麗だ、おまんの口紅のようだと、京橋あたりの子どもたちが、「京橋中橋おまんが紅《べに》」と唄った。

京橋と中橋の間で屋台の鮓屋を開いている長兵衛が、この唄をヒントにして自分のところの鮓を「おまん鮓」と名付けて売り、名前だけで売れてしまった。この成功にあやかって「おまんが飴」と名付けたらしいから、安直だ。

ところが、とびきり美味《うま》いわけでもないのに良く売れた。品質はたいしたことはないが、珍しいから売れるという商品がある。これもそのひとつだ。

飴売りの男は四谷鮫ケ橋《さめがはし》（現在の新宿区南元町）に住む屋根職人で、仕事がないので飴売りに転向したという。やぶれかぶれの体当たりナンセンス芸で、女装をして飴を売り歩いたら、本人もびっくりするくらいに人気者となってしまった。キャラクターが大受けしたのだ。歌舞伎がさっそくこれを取り上げて、中村芝雀《しばじゃく》が飴売りに扮装し、その仕方を真似《まね》た。これが人気に拍車がかかり、儀太夫語り、三味線弾き、はては水茶屋の主人までもがこの飴売りの服装を真似《まね》た。また、宴会でも飴売りのおどけた芸をするのが流行り、それを見て誰もがげらげらと面白がって笑ったという。

はては神田明神の山王祭のときに、この飴売りが呼ばれ、将軍家斉《いえなり》の前で上覧するという光栄に浴している。将軍の前で女装した男性が飴売りの芸をみせるなどとは前代未聞のことだった。

このとき同席していた大名たちにも大いに受けて、

「同様の身振りをなし、それぞれ給《たまわり》物があったのは、戯《たわむ》れ商人ながら珍しい」

と、「真佐喜のかずら」の著者は「たまわり」と「たわむれ」とを洒落《しゃれ》ている。

この男、江戸の人気者になったというのだから、まったく世の中は何がヒットするかわからない。「おまんが飴」は多くの模倣者を出した。女性の身振りで道化《どうけ》るのが、さらに進化して女装して売るようになり、幕末の嘉永《かえい》・安政《あんせい》（１８４８～１８６０）頃まで続いたが、幕末の混乱の中で消えてしまった。

（石《いし》塚《づか》豊《ほう》介《かい》子《し》 「近《きん》世《せい》商《あき》売《ない》尽《づくし》 狂《きょう》歌《か》合《あわせ》」）

◎キャッチコピーが効《き》いた「鰻《うなぎ》の蒲焼き」と進化型アイデア商品「あなご丼」

文政年間（1818〜30）初め

鰻は、古くは頭と尾を切り落として丸切（ぶつ切り）にし、串刺しにして塩焼きで食べる、あるいは焼いたあとに細切りにし、韮酢《にらす》で食べていたが、脂がきついために美味《うま》い食べ物とはいえなかった。

蒲焼きという名は丸切にして串に刺した姿が蒲《かば》の穂《ほ》に似ているというので名付けられたという。

江戸では深川で鰻がとれたので、深川八幡の門前に並ぶ小料理屋が宝暦年間（1751〜64）頃に、私たちが現在食べているような蒲焼きを工夫の上に考案したらしい。これらの店ではほかのメニューと並べて蒲焼きを出していた。

その名も残っていない料理屋が、どうにかして売れない鰻を売ろうとして苦心し、作り出したのが現在の蒲焼きだ。試行錯誤のうえに鰻の身を開き、串刺しにして脂を落とすという新機軸にたどり着いたのだ。

このころになると、醤油、味醂《みりん》、酒、砂糖など、大坂からの下《くだ》りものだったのが江戸の周辺で作られるようになった。品質は上方が上等であると言われたが、価格は関東もののほうが安かった。

これらを調味料として混ぜ合わせ、蒲焼きにちょうど合った味のタレを考案したのも成功した理由だろう。

蒲焼きには179ページの挿図に見るように小串、中串、大串の三種類があった。このうち大串が「最も美味い」と人気があった。たしかに見るからに美味そうだし、食べごたえもありそうだ。

国学者である斉藤彦麿《さいとうひこまろ》が弘化《こうか》四年（1847）、八十歳のときに著《あらわ》した「神代余波《かみよのなごり》」にはこう書いてある。

「私は幼きころから鰻を好んで今もなお止まないでいる。昔は今のように各所に鰻屋はなかった。尾張町の大和田、小舟町《こぶなちょう》の山利、湯島の穴などがあるだけであった」

彼が「幼いころ」というのは安永年間（1772～81）らしい。平賀源内《ひらがげんない》が生きていた時分だ。鰻専門店ができた。斉藤彦麿は親に連れられてよく蒲焼きを食べたようだが、そのころにはまだ鰻屋の数が少なく、一般には広まらなかったらしい。

鰻屋の主人が蒲焼を広めるために平賀源内のもとに知恵を借りに行った。そこで源内が、「土用丑《うし》の日は鰻　滋養に宜《よろ》し」というキャッチコピーを書いてやり、これで土用丑の日に鰻を食べるのが流行したという。

この話はあまりにも有名だが、ちょっと待った。

源内は安永八年（1779）に殺人の咎《とが》で牢死している。鰻屋に頼まれて書いたとすれば安永五年前後の頃だが、このころ蒲焼きが流行ったという記録はない。源内が鰻屋の主人に頼まれてキャッチコピーを書いたのは事実かもしれないが、江戸に鰻屋がどっと広まったのは文政年間（1818～30）の初め頃で、各所に高級鰻店が出現した。宝暦以来、鰻好きがじわじわと増え続けていたのが、文政期になり流行をみた、というのが事実だろう。

蒲焼き一皿が百七十二文（4300円）から二百文（5000円）だった。

そして、鰻の蒲焼きからヒントを得て考案されたものがある。「あなご丼」だ。考案した料理人は四谷伝馬町《よつやてんまちょう》（現在の新宿区四谷一～三丁目）の鰻屋「三河屋」で働いていたが、独立を決心して店を辞め、葺屋町《ふきやちょう》（現在の中央区日本橋堀留町一丁目、日本橋人形町三丁目）に小店を持った。

この料理人が並の知恵の持ち主ならば鰻屋をやるところだろうが、

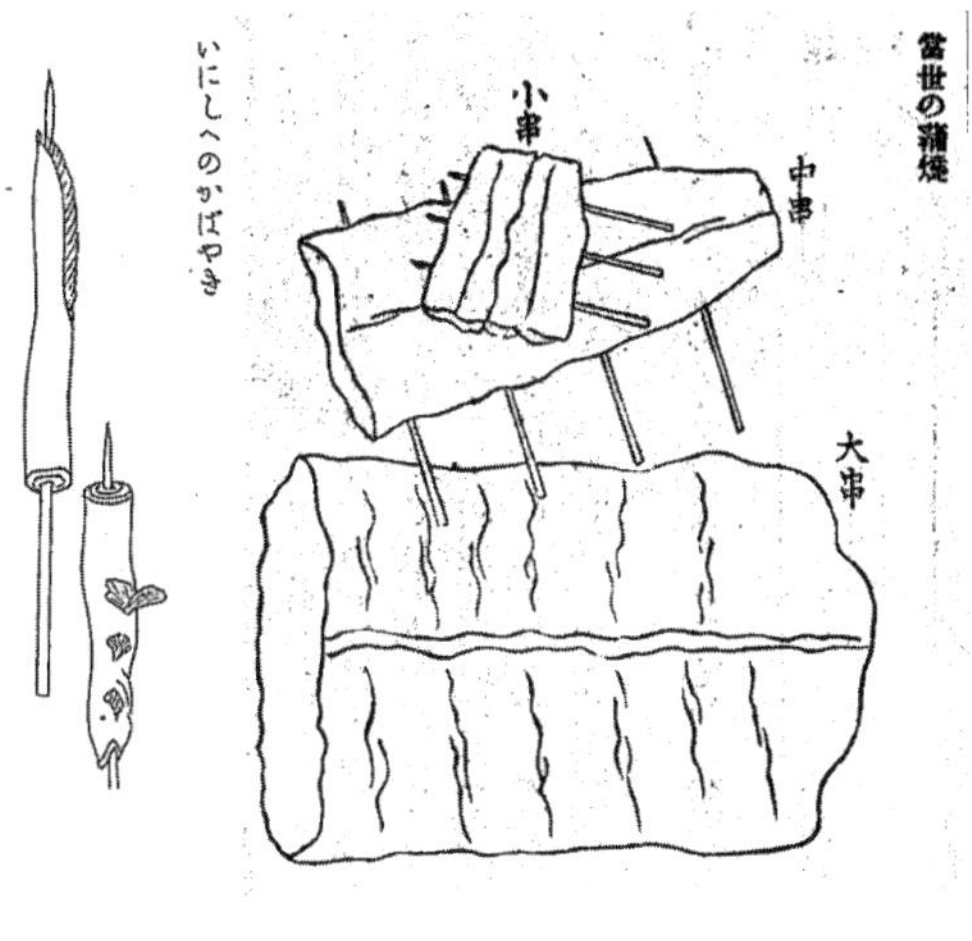

（斎藤彦麿《さいとうひこまろ》「神代余波《かみよのなごり》」）

「江戸には鰻屋が数多くある。今鰻屋を開いたところで儲《もう》かるわけでもあるまい」と考えた。

いろいろ思案したあげく、思いついたのがあなご丼だった。あなごを蒲焼きと同じように焼いて味付けし、丼飯《どんぶりめし》の上に乗せるというアイデアだ。

「これは珍しいという評判なので、人を誘っていっしょに行ってみると、丼の飯へあなごの蒲焼きを差し挟《はさ》んだものである。わずか値段は六十四文（1600円）である。この店が大いに流行ったために、この店に倣《なら》ってあなご飯をだすようになったのである」（『真佐喜《まさき》のかずら』）

丼に飯を半盛し、あなごの蒲焼きを乗せて、さらに飯とあなごを盛った二段重ねだったらしい。鰻の蒲焼きよりも安いので、大衆向きの食べ物として人気があった。

鰻ではなく、あなごを使って新商品を開拓したところに、この料理人の知恵を感じる。頭は使うものであって、枕に乗せるものではないことがわかる話だ。

あなご丼に続いて、文化年間（1804〜18）に堺町《さかいちょう》（現在の中央区日本橋人形町三丁目）の芝居小屋の出資者である大久保今助《おおくぼいますけ》が「うな丼」を考案した。うな丼は幕間《まくあい》に短時間で忙しい役者に食事を出すために思いついたようだが、ヒントはあなご丼にあった。あなごに代わり鰻の蒲焼きを丼飯の上に乗せた。あなご丼よりも美味い。

考案者である大久保今助のことも書いておこう。

この男は常陸《ひたち》国久慈《くじ》郡亀作村の農民の子だったのが江戸に出て、老中である水野出羽守忠成《でわのかみただあきら》の草履《ぞうり》取りになった。織田信長の草履取りとなってから知恵を働かせて出世街道を進んだ豊臣秀吉、木下藤吉郎を思わせるように機転が利いたようで、草履取りから台所方となって、屋敷に出入りする八百屋や魚屋に注文する役に就いた。このときに賄賂《わいろ》をとったり、ピンハネをしたのだろう。

その金を元手に高利貸しをやり、資金を増やして独立し、貸金業を営《いとな》むかたわら様々な事業に投資して富豪にのしあがった。次々に事業のアイデアを思いつくアイデアマンだった。

文政三年（1820）には浅草の蔵前が火除《ひよ》け地として空き地になっていることに目をつけて、幕府に屋台が並ぶ商店街を作りたいという申請を行った。無職の窮民《きゅうみん》を救済するいっぽう地代を幕府が受け取るという一石二鳥の企画だったので、すぐに許可が出た。

その結果多数の屋台店が出店して、商店街のようなにぎやかな場所となった。今助はそこの管理を任されて、地代を徴収して幕府に収めたが、もちろんちゃっかり手数料をとっていた。

彼はこのように、こと事業にかけては目端《めはし》が利《き》き、知恵がめぐる男だった。

彼はまた、経営不振に陥っていた堺町の芝居小屋「中村座」を買い取り、座元となって経営にかかわっていた。再建のために劇場経営の合理化を進めている時だった。うな丼を考案したのも合理化政策の一つだった。

中村座の立て直しに成功した今助は、のちに郷里である水戸藩の財政再建の顧問に迎えられる。

うな丼のほうも評判となって他の鰻屋も追随し、うな丼を百文（２５００円）で売った。これまでの半額ほどでうなぎが食べられるようになった。

現代でもうな重よりも安いうな丼は、少しだけ贅沢な昼食を食べたいときに人気のある食べ物だ。

7、黄昏《たそがれ》が迫る江戸で庶民が見せた執念のヒット商品作り

文政七年（1824）

◎大人までが面白がった子どもの玩具《がんぐ》「ビヤボン」

それは小さい鉄製か銅製の笛で、吹くと「ビヤーン」と鳴り、取り付けてあるピストンを押すと「ボーン」と鳴る。子どもの玩具だった。

名前もないので、「ビヤボン」と呼ばれた。

「天保《てんぽう》年中（1830〜44）にことのほか流行した」

と記録にある。

町奉行所が禁止したが、文政《ぶんせい》年間（1818〜30）に再び流行した。

「兎園《とえん》小説」（曲亭馬琴《きょくていばきん》）に、「文政七年十月上旬より江戸中に流行する。春にいたりていよいよはなはだしい」とある。

一個当たりの値段は安い物では百文（２５００円）、高い物では二百文だった。

それまで日本人が聞いたことがない音を出したのが珍しがられ、また面白がられたらしい。得体が知れない不思議さもヒットした理由だろう。異国船が日本近海に出没し、またオランダからは珍しい品物がもたらされた時期でもあった。どこか異国風に響く音色に魅了されたのかもしれない。

長崎あたりで西洋の金管楽器にヒントを得て、金物職人が面白半分に作ってみたのが大ヒットしてしまったようだ。長崎で作られたのが江戸に入り、売れるので似たような商品を金物職人たちが作ったらしい。

このときまで鐘のような金属製の打楽器はあったが、金属製の笛はなかった。ビヤボンははじめて日本人が耳にする金属製の笛だった。その新鮮な音色に子どもたちが夢中になったのだろうが、子どもの玩具だったのが、大人までもが面白がり、落語のネタになったり、流行歌にもなった。「珍しさ」と「面白さ」とが玩具がヒットする条件だ。

「ビヤボンと吹けば出羽ドン出羽ドンと
金が物言う味な世の中」

老中の水野出羽守《でわのかみ》忠成《ただあきら》が権勢を振るった時期だ。賄賂が幕府の人事を左右した。「ビヤボンを吹くと出羽ドンと聞こえて、出羽守のもとに賄賂が流れ込む。なるほど味な世の中になったものよ」と皮肉った落書き狂歌だ。

水野忠成がこの落書き狂歌に激怒したわけでもないだろうが、風俗上よろしくないとして、幕府は文政八年二月に禁止令を出している。

どのあたりが「風俗上よろしくない」のかはよくわからないが、禁止するとはあんまりだ。しかし、職人や商人はおとなしく引っ込んではいない。それならばと次々に新しい商品を作

「ビヤボンの図」

(石塚豊介子《いしづかほうかいし》「近世商売尽狂歌合《きんせいしょうばいづくしきょうかあわせ》」)

りだした。

「それからまだいくばくもたたないうちに松風《まつかぜ》こまが流行し、同年四月になると、また雲雀《ひばり》こまというものが売り出された。雲雀こまは真鍮《しんちゅう》をもって作る。その値は六十四文（１６００円）。松風こまは、はじめは竹か鯨のひれで作り、後には縮緬《ちりめん》の古裂《こぎれ》でも作った」と「兎園小説」にある。

それまでは手作りの玩具で遊んでいた子どもたちが、玩具を買う時代になってきた。町民たちが豊かになってきた証《あかし》だろう。

このあと子ども用玩具が商売になるとわかり、様々な玩具が考案される。貝殻から作った「貝駒《ばいごま》」や、土で作った「泥面子《めんこ》」はぶつけ合って取り合うというゲーム性があって人気が高まり、「貝駒」は「ベーゴマ」、「面子」は「メンコ」となって、昭和三十年頃まで男の子の主な遊び道具となった。

◎不人気の油揚げを庶民の味にした「いなりずし」

天保四年（1833）

「塵塚談《ちりづかだん》」に、

「我等が二十歳のころは、貧民の子どもで十歳か十二歳になるのが提《さ》げ籠《かご》に油揚げを入れて売り歩いていたが、近年は絶えて見ることもない。そのころは見苦しい子どもを見ると、人はみな、油揚げのようだと云《い》ったものであった」

とある。

著者の小川顕道《おがわけんどう》が二十歳のころとは宝暦年間（1751〜64）のことだ。油揚げとは薄く切った豆腐を油で揚げた豆腐揚げのことで、天ぷらの人気からヒントを得て誰かが宝暦年間に考案したらしいが、あまり人気がある食べ物ではなかった。貧しい人の食べ物と見下されていた。

文政十三年（1830）に書かれた百科事典の「嬉遊笑覧《きゆうしょうらん》」にも、油揚げは載っていない。

天保四年の冬に、奥州から関東が風水害に襲われて飢饉《ききん》に陥った。おまけに同五年二月七日に江戸が大火に見舞われて、多数の家屋が焼失したために米を含めた食料品の価格が高騰《こうとう》した。

このときに詠《よ》まれた狂歌がある。

「膳の上はありしむかしにかわらねど
　米食う人の家ぞゆかしき」

「豆あずき麦やお芋とへだつれど
　混ぜれば同じ飯のたねなり」

「腹減りし人の心を眺むれば
　百のかまどはうるさかりけり」

誰もが物価の高騰に苦しみ、腹を空《す》かせていた。そういうときに、しばらく忘れ去られていた油揚げを利用して、「いなりずし」を考案した人がいる。

本石町《ほんごくちょう》(現在の中央区日本橋室町三・四丁目)に十軒店《じっけんだな》(*人形店が十軒並び、三月・五月の節句近くになると市がたってにぎわった)と呼ばれる小字《こあざ》があり、そこで豆腐屋を営む次郎左衛門という男だった。

彼は売れない油揚げを売る工夫を日夜考え続け、油揚げの中を割《さ》いて飯を詰めることを思いついた。どんな新しい商品も、出来てしまえば簡単に思えるが、袋にして飯を詰めるというのが苦心の発明だった。豆腐の油揚げが売れないのは油臭いばかりでこれ自体に味がないからだ。そこで彼は試行錯誤の末に、油揚げに醤油、味醂、砂糖で味付けする工夫をした。それを袋に裂いて飯を詰め、はみ出さないように干瓢《かんぴょう》で胴を巻いた。

油揚げが売れなかった宝暦年間とは違い、有利なことがあった。寛政七、八年（1795、96）頃に長崎に入荷する砂糖が減少したことから、幕府は砂糖の国産を奨励して、琉球、薩摩、紀州、讃岐、遠州などで生産できるようになったことだ。特に紀州産と讃岐産の砂糖は輸入砂糖と較べても味に遜色《そんしょく》がなく、しかも値段が安くなったので、調味料として利用できるほどになっていた。次郎左衛門は油揚げの味付けに砂糖を加えることで、濃厚な味の食べ物に仕上げ、これを「いなりずし」と命名した。「いなりずし」誕生の歴史的な瞬間だ。

「狐に油揚げ」という言葉もあるくらい、油揚げの狐色が狐を連想させ、狐ならば稲荷を連想させた。五穀豊穣《ごこくほうじょう》の神である倉稲魂《うかのみたま》を祀《まつ》る「稲荷社《いなりしゃ》」は江戸の辻ごとにあるといわれ、江戸っ子の信仰を集めていた。狐は稲荷神の使いであると信じられていた。

「いなりずし」という商品名も良かった。庶民の生活に密着にかかわっている稲荷信仰に結びつけることで、権威と親近感を商品に与えた。現代でもいなりずしのことを「おいなりさん」と呼ぶのは、この稲荷信仰からきている。

次郎左衛門は誰もが不味《まず》いといって顧《かえり》みなかった油揚げに生命を吹き込んだ。店の名を「稲荷屋」と変えて、いなりずしの専門店となった。

これが売れた。安くて美味くて腹が膨れる。

売れれば模倣する商人が現れる。辻売りで、夜になって営業する屋台がいくつも現れた。さらに後の弘化年間（１８４４〜４８）になると、いなりずしの行商が現れ、すっかり庶民になじんだ食べ物となった。

考案者である稲荷屋は飯を酢飯に変えてみたり、椎茸や干瓢の刻《きざ》んだのを混ぜ、また口直しにショウガを添えるなどの工夫を凝らし、江戸一のいなりずし屋の座を守った。

森銑三《もりせんぞう》の「明治東京逸聞史《いつぶんし》」は明治三十九年（１９０６）の条《じょう》に、稲荷屋が一日に一万個を越えるいなりずしを作っていると書いている。上野公園で大山巖《おおやまいわお》大将の歓迎会が開かれたときには、東京市役所から三万個の注文があったという。

１９１ページの挿絵はいなりずしの行商人だ。天秤棒で前後に荷を担《かつ》ぎ、人出の多い場所で辻売りをしていたようだ。まな板や包丁があるのを見ると、客の注文を受けてから作っていたらしい。

（石塚《いしづか》豊介子《ほうかいし》「近世《きんせい》商売《あきない》尽《づくし》狂歌《きょうか》合《あわせ》」）

◎混ぜ物なし、蕎麦粉だけの「正直蕎麦」

天保十二年（1841）

江戸に「蕎麦切り」が誕生したことは拙著『江戸のヒット仕掛け人』で触れたが、享保《きょうほう》年間（1716〜36）の中頃に神田の蕎麦屋が「二八《にはち》即座けんどん」と看板を出して、大いに成功した。

本来、「二八蕎麦」とはかけ蕎麦が十六文（400円）なのを洒落《しゃれ》て二八（2×8）と言ったものだ。ところが、蕎麦粉が値上りするにつれ、蕎麦代が十八文、二十文と値上りした。

「二八蕎麦なのに十八文とはどういうことだい」

という客の苦情に困った蕎麦屋が「蕎麦粉八割に、つなぎにうどん粉二割を混ぜたから、二八蕎麦なのでございます」と言いわけをした。

それまでの蕎麦切りは人々に飽きられつつあった。蕎麦粉だけの蕎麦に較べて、口当たりが良いので、二八蕎麦の方に人気が集まり、文化《ぶんか》年間（1804〜18）には多くの店が

「二八蕎麦」と看板を出した。

蕎麦屋のメニューもかつては「もり」だけだったのが、店主たちの工夫で増えていた。天保十二年に尾張から江戸に出てきた武士が書いた「江戸見草」には、天保年間（1830〜44）の蕎麦屋のメニューが書いてある。

もり蕎麦、茶蕎麦、玉子きり、玉子とじ蕎麦、あられ蕎麦、はなまき、しっぽく蕎麦、天ぷら蕎麦、ひも川うどん、さらしうどん、翁《おきな》にゅうめん、ひやむぎ、かもなんばん、かしわなんばん、親子蕎麦、あんかけうどん
現代の蕎麦屋のメニューのほとんどが揃《そろ》っている。それぞれの蕎麦屋が、他の蕎麦屋と差別化を図るために独自の蕎麦を考案してきた。その結果、おのずと人気のあるメニューが蕎麦屋の定番メニューとなったのだ。

「二八蕎麦」の全盛にあたり、享保の末に、仁左衛門という男が浅草から吉原大門に続く「馬道《うまみち》」に屋台の蕎麦屋を出した。「馬道」とは田んぼの中に作った堤であり、男たちが馬に乗って吉原遊郭に通うので俗に「馬道」と呼ばれ、のちには馬に代わって駕籠《かご》になっても名前だけが残り、現在でも一部が残っている。この堤には遊客を目あてにした飲み屋や食べ物屋がずらりと並んでいた。

仁左衛門はここで蕎麦粉だけで作った混じりけなしの蕎麦を「正直蕎麦」と書いた暖簾《のれん》を下げて売ったのだ。

このころにはおそらく、「二八蕎麦」とうたいながら蕎麦粉の少ない不味《まず》い蕎麦が少なくなかったのだろう。蕎麦の香りがまったくしない蕎麦が売られているという点では、現代でも同じようなことはある。産地偽装や食材偽装の食品が数多く出回っていたのだ。

「本物の蕎麦を食わせる」というので仁左衛門の屋台は人気店となり、仁左衛門は正直仁左衛門と呼ばれるほどだった。

馬道の屋台で資金を貯めた彼は、一等地の駒形に宝暦五年に支店を出し、文政二年秋にはより一等地の金龍山浅草寺に本店を構えて「正直蕎麦」の看板をかかげるまでになった。

幕府の御家人でありながら文筆家として著名であった大田南畝は「仮名世説《かなよせつ》」という随筆の中で、

「ひととせ浅草正直の亭で語呂《ごろ》の言葉遊びをした」

と書いている。

おそらく文人仲間と落ち合い、酒を飲みながら言葉の語呂遊びをし、「それは上手《うま》い」だの「あまりおもしろくねえな」だのと言い合っては笑い楽しんでいたのだろう。そして仕上げに正直蕎麦を食べたのだ。

南畝は昼のひなかに酔っぱらって日本橋の欄干にもたれて眠っているところをしばしば目撃されていたというから、その日の帰りもそうだったかもしれない。

店は酒や食べ物にうるさい文人たちのたまり場になっていたらしい。

「正直蕎麦」がヒットすると、たちまち「二八蕎麦」から「正直蕎麦」に転向する蕎麦屋が続出し、三十数軒もの正直蕎麦屋が現れた。さらには「正直饅頭」や「正直飴」という「正直」を冠した商品までもが売られるようになった。

「正直のそばに嘘つく廓《くるわ》あり」

浅草の正直蕎麦屋の近くには女郎の嘘で男を引き付ける吉原の遊郭がある。

当時、流行語大賞があれば、「正直」という言葉が受賞していたかもしれない。看板倒れの不正直な店が増えていたことが背景にあって、「正直」という言葉が消費者に歓迎されたのだった。

このことは当時、いかに多くの食べ物が不正直で、消費者に疑いの目でもって見られていたかの証明だ。江戸の人々は正直な商品を求めていたのだ。

「ところ変われば品変わる。東京ではそばを賞玩《しょうがん》すれども大坂ではうどんを賞玩する」

と言われるが、大坂であっても美味い蕎麦は人気があったらしい。

197ページの挿絵は大坂の新町西口にあった蕎麦屋の風景だ。難波《なんば》の名物として毎日数百人の客があったという。

江戸の蕎麦屋は「お品書きのほかにもお好みによりあつらえもうしあげます」と張り紙にあったが、大坂では「お品書きのほかには御注文はお断りもうしあげます」と張り紙したという。

江戸の商人は腰が低く、大坂の商人は頭が高いと言われたが、こんなところにもそれが表れている。

江戸の商人の腰が低いのは二本差しの武士を相手にしなくてはならなかったからだ。江戸では料理屋などで酒ぐせの悪い武士が何かがあるとすぐに刀を抜いて店主を脅したり、斬りつけるような乱暴を働く事件が度々起きた。だから客の機嫌を損じないように腰を低くし、サービスも丁寧にし、万事に気を遣《つか》う習性が身に付いた。「おもてなしの心」もこうした気遣いの習性から養われたと考えられる。

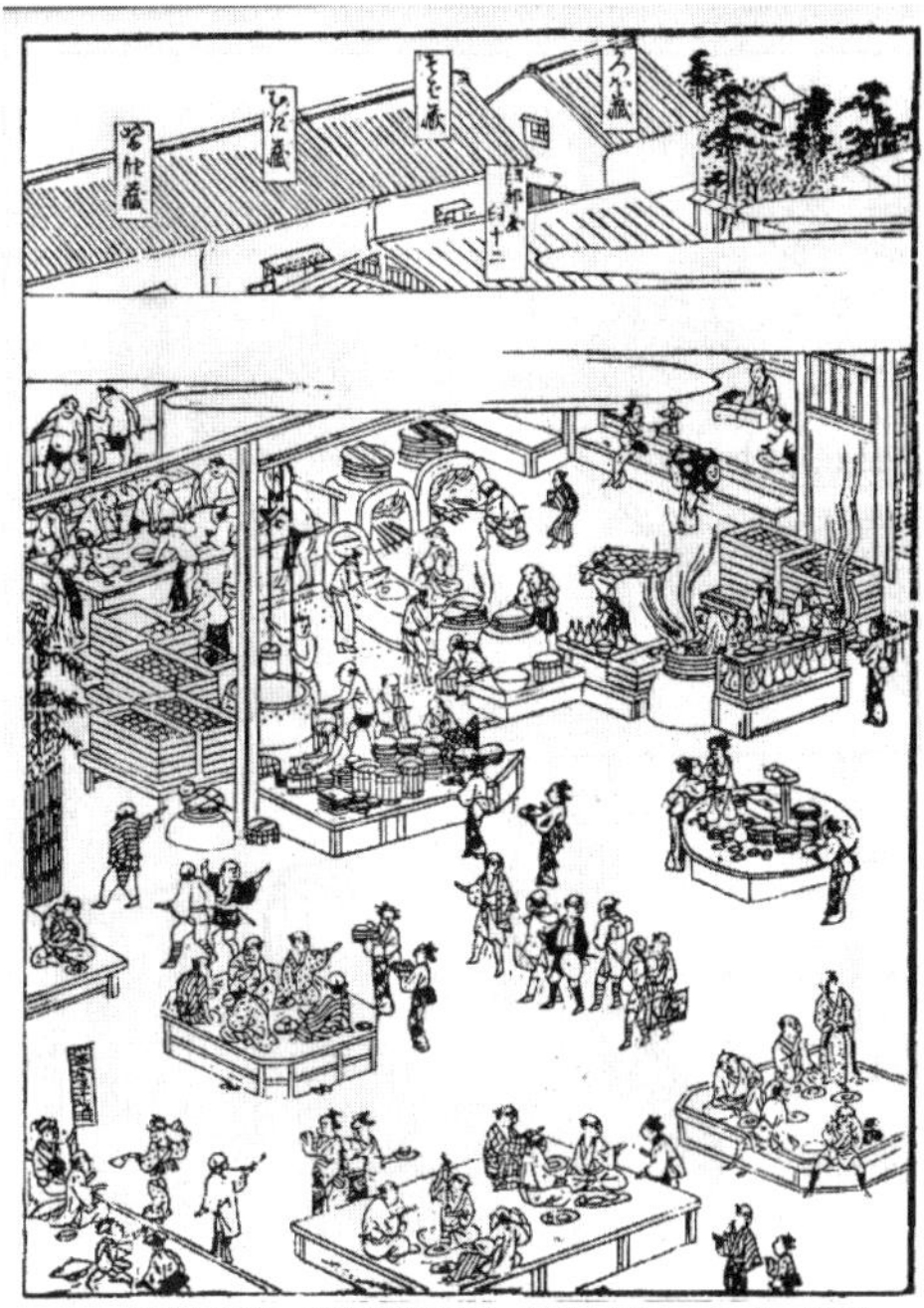

（「摂津《せっつ》名所《めいしょ》図会《ずえ》」）

◎誰も見向きもしなかった食材を商品化した「花欄糖《かりんとう》」

弘化年間（1844〜48）

「事事録《じじろく》」（作者不明）に、

「弘化年間、市中流行は丸い大きな提灯《ちょうちん》で、花欄糖という菓子売り。鳥居に稲荷の看板で、天ぷらの鮓《すし》売り。この二つがもっぱら行われる」

とある。

天保六、七年（1835、36）頃に深川六間堀《ろっけんぼり》の長屋に住み、行商をしている吉兵衛という五十歳位の男がカリンの実を細切りにし、黒砂糖で煮こんだ干し菓子を考案した。

彼はこれに「花欄糖」という名を与えた。

おそらく彼は何かの食べ物の行商をしていたのだが、あまりにも売れないので新しい売り物を探していたのだろう。そこで目をつけたのがカリンの実だった。カリンの実はリンゴや梨ほどの大きさだが、不味《まず》くて生では食べられない。焼いても煮ても不味い。せいぜい焼酎につけてカリン酒を作るぐらいしか利用されなかった。

誰も見向きもしないカリンの実が何か金儲けにつながらないかと思案を巡らしていた吉兵衛は、いろんな実験のすえにカリンの実を細切りにして黒砂糖で煮込んでから干してみた。するとここにまったく新しい味の菓子が誕生した。

カリンの実は食用には適さないが、薬効があるとして漢方薬に使われていた。そこで吉兵衛は「癪《しゃく》（急性腹痛）に効《き》く」と宣伝して花欄糖を売り出した。

新奇な食べ物には、「薬効」があると宣伝するのが常套《じょうとう》手段だ。吉兵衛みずから籠《かご》を背負い、大きな提灯をともしながら、

「カリントウ、深川名物、カリントウ」

と売り声をかけながら日没後に行商した。

買うのは子どもが多かったというから、夜の子どものおやつだったらしい。値段は八文（200円）から二十四文ぐらいで、子どもが差し出す銭しだいで紙袋に詰めて売った。

これがよく売れたから、次々に花欄糖業者が現れ、ついには二百人ぐらいの花欄糖売りが売り歩くようになった。

弘化年間に流行したのは、これとは別の駄菓子で、小麦粉に水と黒砂糖を加えて練りこみ、花欄糖と同じように細く切って油で揚げた菓子だ。見た目が花欄糖に似ているので、「カリ

ントウ」と名付けて売った。浅草仲見世の「飯田屋」が最初だったという。「花林唐」と書いた大提灯を看板にしていた。この原型はすでに中国から奈良時代に日本に伝わり、宮中や公家が菓子として食べていたという説があったり、中国の「江米条《ジャンミーティアオ》」（もち米スティック）やスペインの「ペスティーニョ」（揚げ菓子）という菓子がそうだという説もある。たしかに原型はそうだったかもしれないが、これを売れ筋商品のカリン製花欄糖に似せて作ったのだと思われる。食べてみればカリン製よりも美味く、また新しい味なので、本家のカリン製花欄糖を圧倒して人気商品となってしまった。おまけに「花欄糖」という本家の名前まで奪い取り、現在では花欄糖といえば小麦製だと思われている。

いっぽう、名前を盗《と》られたカリン製花欄糖は「カリンの砂糖漬け」として細々と売られている。

同じころによく売れたという天ぷらの鮓売りは、酢飯の握りに小魚の天ぷらを乗せたもので、天ぷらと鮓という人気の食べ物を合わせてみたものだ。珍しさから売れたらしいが、間もなく飽きられたらしい。

ちなみに現在の回転寿司店では「天ぷら寿司」がメニューに載っている。新しい食べ物のようだが、実は古い食べ物の復活なのだ。

◎困窮する庶民が激増する中での「江戸最後の流行」

安政年間（1854〜60）

アメリカのペリーが軍艦四隻を率いて浦賀に来たのは嘉永《かえい》六年（1853）六月三日。日本に開国を迫り、さんざん幕府を威圧してから十二日に立ち去った。これがきっかけとなって国内は鎖国か開国かで大揺れし、ついには佐幕か倒幕かで内乱が起こる。内政の混乱は生産活動や商品流通を破壊し、通貨の乱発と物資不足から激しいインフレを招いた。消費の拡大に導くような流行もヒット商品もない。列強の脅威が増した危機感から、幕府は慌てて武芸を奨励し、武備の強化をはかった。洋式大砲や洋式小銃を模倣した大砲、小銃の製造が行われ、洋式軍艦の建造も始まった。全国の要衝《ようしょう》の港には「台場」と呼ばれる砲台が築かれた。これらの資金調達に幕府は大商人に運上金を命じ、一般からは寄付を募《つの》った。

いっぽう遊興や遊芸は廃《すた》れたが、江戸警備のために諸国から武士が集まってきた。その中で流行したのは、「女髪結《かみゆい》町芸者地獄女に囲い者茶屋」という性風俗業界。この業界だけは活況を呈《てい》したようだ。

明治時代半ばになってから行った、幕末の武士からの聞き書きをまとめた篠田《しのだ》鉱造《こうぞう》の『幕末百話』（岩波文庫）にこのような話が載っている。

「旧幕の頃は、いずれの諸藩も若年の士《もの》、勤番と唱えて江戸に来るが、多くは馬鹿を尽して、一カ年間にスッテンテンになりました。今の学生が放蕩《ほうとう》博士となるに似て、国許の親の心配いまさら懺悔《ざんげ》の至りで……」

江戸整備のために地方から集まってきた諸藩の武士たちが、遊びまくったらしい。

料理茶屋は値段が高いわりには内容が粗末なので人気がなく、値段が安い辻売りのどじょう鍋や天ぷら蕎麦やあなごの蒲焼きが売れた。

インフレと不景気から困窮する町民が激増した。慶応《けいおう》二年（1866）夏に江戸町奉行が行った調査では、町民五十四万人のうち、三十七万人がその日を食いつなぐのがやっとという貧困状態にあり、このうち八万人は飢餓線上と言ってもよい状態にあったという。

消費が萎縮《いしゅく》すれば流行もヒット商品も生まれない。当たり前のことだが、流行やヒット商品は経済の発展のバネであり、内政や外交の安定的平和を前提にするのだ。

江戸の経済が崩壊する中で、慶応三年十月十五日に十五代将軍の慶喜《よしのぶ》が大政奉還し、二百六十五年続いた江戸時代は終わりを告げる。

【番外編】

◎最も庶民に人気のあった芸能「浄瑠璃《じょうるり》」誕生にまつわる俗説と真説

慶長年間（1596〜1615）

江戸時代に流行した芸能といえば「浄瑠璃」を取り上げないわけにはいかないだろう。戦国時代が終わり、近世と呼ばれる時代が始まる。その黎明《れいめい》期に芸能界に誕生したのが「浄瑠璃」だ。そして、名作者近松門左衛門《ちかまつもんざえもん》らの登場により江戸時代に最盛期を迎える。

歌舞伎と並んで、あるいは歌舞伎と合体することで最も庶民に人気のある芸能だった。

本来は、「浄瑠璃」の元となる物語草紙《ぞうし》「浄瑠璃物語」の主人公、浄瑠璃姫の物語は矢作《やはぎ》川の中流、現在の愛知県岡崎市矢作町周辺で伝わっていた民話だったようだ。これが全国的に流行する歌謡になったのはなぜなのだろうか。

結論を先に言えば、一地方の民話を「浄瑠璃」という大衆芸能に育て上げ、全国に広めていったのは目が不自由な座頭《ざとう》たちだった。

流行の仕掛人である座頭たちは背に楽器の琵琶を負《お》い、各地を旅しながら「平家物語」などの物語を語っては謝礼や投げ銭をもらって生計を立てていた。

さらに俗説では、織田信長の身辺を世話する女中の一人、小野《おのの》お通《つう》という女性（待女とも側室ともいわれる）が浄瑠璃姫についての物語を創作し、それを座頭たちが語ったのが「浄瑠璃」の起源だと言われている。

享保《きょうほう》年間（1716〜36）に、八十代になった老人が昔のことを回顧して口述したというのが「昔昔物語《むかしむかしものがたり》」だ。それに「浄瑠璃物語」誕生のことが書かれている。

「天正《てんしょう》年間（1573〜92）に織田信長が大病にかかって寝込んだ時があった。幸い回復したが安静にしていなくてはならないので退屈でしかたがない。それで御伽衆《おとぎしゅう》の城玄《じょうげん》と角都《かくず》という二人の勾当《こうとう》（＊盲人の官の一つ。検校《けんぎょう》・別当の下、座頭の上位にあたる）に、

『何かおもしろいことはないか』

と尋ねた。

それで二人は相談して、

『お通ならば文章はよく書けるし、面白い話でも作らせてお聞きになってみてはいかがでご

ざいましょうか』

と勧めたという。

お通こと小野お通は、信長の望みであるというので、矢作の長者の娘である浄瑠璃姫と牛若丸（源 義経《みなもとのよしつね》）との悲恋の物語を書き上げて、信長の前で読んで聞かせた。

信長はことのほか喜び、城玄や角都をはじめ近習《きんじゅう》や小姓や若侍も耳を澄まして聴き入り、皆々が心を動かされた。しかし、毎日毎晩にこれを読み聞かされるので、しまいには飽《あ》きてしまって途中で居眠りする者もいた。

そこで城玄と角都は相談して、これに音曲と節をつけて声の良いものに謡《うた》わせてはどうだろうと、家臣の中から美声の持ち主であり、謡《うたい》が上手な丹後七郎左衛門と橋本筑後を選んで謡わせた」

お伽衆とは大名の側《そば》に仕《つか》えて大名の暇潰しの遊び相手となる役割だ。大名によってさまざまな役割の人間がいる。碁や将棋が好きな大名ならば碁や将棋に通じた人物がお伽衆に採用される。能や謡が好きな大名ならば、その道の通人が採用される。豊臣秀吉に気に入られた曽呂利新左衛門《そろりしんざえもん》は話芸で秀吉を面白がらせた。

さて、その浄瑠璃物語の内容はというと……。

平安時代末期に尾張三河の矢作に大資産家の長者が住んでいた。何不自由なく暮らしていたが、子どもがないのが残念だった。そこで東三河にある鳳来寺《ほうらいじ》の薬師如来に、「子宝さえ授《さず》けていただければ金銀は惜しみません」と祈願を続け、四十三歳になって三十七歳の夫人が懐妊した。それで生まれたのが美しい玉のような女の子だったので、「浄瑠璃」と名付けたのだという（＊金銀財宝を寺社に寄進して一心に祈れば願いが叶《かな》う、という仏教説話だ）。

いっぽう後に源九郎判官《ほうかん》義経となる牛若丸は金売吉次《かねうりきちじ》に誘われて奥州平泉に向かう途中に矢作に投宿した。その夜、浄瑠璃姫が弾《ひ》く琴の音に惹《ひ》かれて牛若丸が琴の音《ね》がする方角を辿《たど》り、琴の音に合わせて笛を吹くという、なんとも奥ゆかしい出会いから、二人は情熱的な恋に陥《おちい》る。

しかし、牛若丸は想いを断ち切って、奥州へと旅立ってしまう、という悲恋の物語だ。このとき牛若丸は十五歳くらい、浄瑠璃姫は十四歳だから、現代なら人気の中高生向きの青春恋愛小説、ライトノベルだ。この物語に大人たちが感動感激した。

話を戻すと、宝永《ほうえい》年間（１７０４～１１）に三味線の名人と謳《うた》われた原武太夫《はらぶだゆう》が書いた「なら柴《しば》」と題した手記には、信長の死後に小野お通は粗末な庵《いおり》に一人で貧しい暮らしをしていた、とある。これを耳にした秀吉の正室・北政所《きたのまんどころ》が大坂城に招き、浄瑠璃姫の物語を語らせた。

お通は源氏物語の十二帖《じょう》になぞらえて浄瑠璃姫を主人公とした十二段の物語を書いた。

帖とか段というのは現代の「章」のことだ。

秀吉がこの物語を聴いて、その出来栄《できば》えに感心し、平家物語の琵琶法師である岩船検校《いわふねけんぎょう》に、「平家物語と同じように節をつけよ」と命じた。

岩船検校は澤角《さわつの》、龍野《たつの》という二人の検校と相談したところ、澤角、龍野とも琵琶だけでなく、三味線にも習熟してところから、三味線に乗せて語ることにしたというのだ。

「本朝世事談綺《ほんちょうせじだんき》」で菊岡沾涼《きくおかせんりょう》は、

「節は岩船が工夫し、三味線に乗せたのは澤角である」としている。

ともかく語りはお伽衆の琵琶法師が考案したことはまちがいない。

博識で知られる山崎美成《やまざきよししげ》は「麓《ふもと》の花」という自著で「浄瑠璃物語」の古写本を数冊持っているとし、特に古い写本は天正時代のものだと書いている。

「天正ころの写本は十六段に分かれており、そのうえに文章もことに長々しく書いてある」と述べている。

天正年間にすでに物語が本となって出来上がっていたという。

冒頭に「俗説」では信長の待女である小野お通が物語を創作して書いたということになっていると述べたが、このことについてはすでに江戸時代に様々な学者や好古《こうこ》研究者が小野お通について実証的な研究をしていて、俗説を否定している。

柳亭種彦《りゅうていたねひこ》も、

「待女小野お通を作者としているのは黒川道祐《くろかわどうゆう》の書である『雍州府志《ようしゅうふし》』の八巻に見えている。この書は天和《てんな》二年（１６８２）の作である。これより古くはお通の作というのはいまだ見ない。信長の待女の作であるというこじつけは貞享《じょうきょう》年間や元禄《げんろく》年間の雑書には多くみられるけれども、それ以前の寛永《かんえい》年間や正保《しょうほう》年間の本には今のところまったくみられない」

（『柳亭筆記』）

と小野お通作者説に否定的だ。

貞享《じょうきょう》四年（１６８７）に出版された「古郷帰江戸咄《こきょうがえりえどはなし》」という本がある。鎰屋平右衛門《かぎやへいえもん》が江戸の名所の歴史的な由来を書いた観光案内書だ。当時のレベルではベストセラーになったらしく、こののちに再版されたり、類似本が出版されている。

この本の第六巻第三条で堺町《さかいちょう》（現在の中央区日本橋人形町三丁目）であった歌舞伎興行に絡《から》めて浄瑠璃物語の作者として小野お通の名を挙げている。大坂で流行している浄瑠璃物語を江戸歌舞伎が取り込んで江戸で興行していた時期であり、江戸の人々が浄瑠璃の由来に興味を持つようになったのだろう。

平右衛門は黒川道祐の情報を受け継いだようだ。これで作者が小野お通であるという俗説が広まったらしい。

いっぽうでは小野お通を探し求める研究者もいた。

喜多村信節《きたむらのぶよ》は、

「小野お通の母は室町松本町に住んでいた人である。お通の娘は真田河内守（信政《のぶまさ》）の側室となって信州松代《まつしろ》に行く。

のちにお通を手元に置いて孝行をしたいと言って松代に引き取る。この由来は松代の長《ちょう》国寺《こくじ》に残っている」（「嬉遊笑覧《きゆうしょうらん》」）

と書き、信長の時代と合わないと言う。

信長は天文《てんぶん》三年（１５３４）に生まれ、天正十年（１５８２）に本能寺の変で没した。

いっぽう小野お通は、生没年不詳とされているが、生まれは永禄《えいろく》十一年（１５６８）、没年は元和《げんな》二年（１６１６）、寛永《かんえい》八年（１６３１）など諸説ある。仮に永禄十一年生まれとすると、信長が亡くなったときには十四歳だ。この年齢では創作は無理だろう。

「万治《まんじ》・寛文《かんぶん》（1658〜73）のころに江戸に小町《こまちの》お通という文筆家がいた。妙貞尼《みょうていに》、沢田お吉、そしてお通は寛永《かんえい》以降の女性の三能書（＊文字を上手に書く人）と言われていた。現在織田家の待女の書だとして伝わる色紙のようなものはことごとくこのお通が書いたものである」（「柳亭筆記」）

柳亭種彦はこの「小町お通」が織田家に出入りしているために作者にされたのだろうと述べている。小町とは美人・才媛だった小野小町《おののこまち》のような娘という意味のあだ名だ。小野お通という女性は実在はしたが、「小町お通」と混同して「お通伝説」ができてしまったのではないか。

いっぽう江戸研究家の三田村鳶魚《みたむらえんぎょ》はこの実在した小野お通が和歌や物語の作者として大名家に出入りし、京都の女性に憧《あこが》れる大名に側室を仲介していたと書いている。

「大名に京女を媒介したもっとも顕著《けんちょ》な女は小野お通であった。お通は女学校と高砂社《たかさごしゃ》とを兼営していたともみられる」（三田村鳶魚全集第十二巻「西鶴《さいかく》の当世顔《とうせいがお》」）

「高砂社」とは明治時代にあった仲人組合の前身のことだ。

京都の女性にお妾さん教育をほどこし、大名家に紹介するという仕事だ。娘を真田家の側室に出していたくらいだから、そういうこともしていたろう。織田家に出入りしていたのも、頼まれて色紙に歌を書いていたのも表向きの体裁であって、妾の斡旋《あっせん》が目的だったのだろう。小野お通が松代に向かう途中で詠んだという和歌が偽作《ぎさく》であったことも種彦が明らかにしている。

現在の定説では、浄瑠璃姫の物語は室町時代末期、信長が誕生する前から存在したということになっている。その起源を執拗《しつよう》に調べた柳亭種彦は、室町末期に書かれた「宗長日記《そうちょうにっき》」の享禄《きょうろく》四年（１５３１）八月十五日の条（＊日記の末尾）に、

「(月見の夜なので）使いの者をやって小座頭を呼び寄せ、浄瑠璃を謳わせ、興に乗じて酒を一盃に及ぶ」

と書いてあるのを見つけて、

「早くも田舎を渡り歩きしている小座頭が謳《うた》うとあるのだから、浄瑠璃は古くからあると考えたほうがよろしい」（「還魂紙料《かんごんしりょう》」）

と述べている。

宗長は現在の静岡県島田市に生まれた連歌師であり、「宗長日記」は東海地方から伊勢、京都を巡り、駿河に戻る際のことをまとめた日記だ。復刻されている岩波文庫の「宗長日記」で調べると、旅の目的地である駿河の宇津山《うつのやま》に到着した夜のことだ。

宇津山は静岡県湖西市《こさい》、浜名湖の西岸に位置し、宗長が宿泊した時には今川家の重臣の朝《あさ》比奈泰長《ひなやすなが》が城主だった。

信長が誕生する三年前であり、矢作川下流の民話が起源である「浄瑠璃姫物語」が宇津山のほうで語られていた。

種彦はほかの文献でも浄瑠璃が信長が誕生する以前に語られたことがあると実証している。したがって小野お通が創作して信長に語って聞かせたというのは誤りだということになる。

関宿藩《せきやど》の和田庄太夫という、中央では無名の学者だった者が書き残した「異説まちまち」という本がある。文政年間《ぶんせい》（1818〜30）に死去した後に公刊されてその内容が面白いとして学者らに読まれた。

その中で浄瑠璃の作者について、

「おそらく鳳来寺の薬師《やくし》が作ったのであろう」

と推測している。

これは矢作の長者が子ども欲しさに願をかけて、金銀財宝を寄進したのが鳳来寺だからだ。浄瑠璃姫と義経の伝説が今でも残る鳳来寺は、愛知県新城市《しんしろ》にある真言宗の寺だ。薬師如来を祀《まつ》っている。

薬師如来は「薬師瑠璃光如来」とも呼ばれて、現世において人々に平安と幸福をもたらす仏だ。そのような世界が現実の世界になるのを「浄瑠璃光浄土」と名づけている。浄瑠璃姫の「浄瑠璃」は薬師如来信仰の言葉だ。

物語が鳳来寺にかかわっていることから、鳳来寺の僧侶らが説法に使うのに民話をもとにして創作したのだろうというのだ。

薬師は僧侶の中でも医学的な知識があり、患者のために薬を調合したり、鍼灸《しんきゅう》を施《ほどこ》したり、按摩《あんま》をしたりと、医師のような仕事をしていた。

江戸時代の研究者は、物語は僧侶による説法がもとであろうと指摘していた。事実、読んでみれば仏教の説教臭さが濃厚に感じとれる。その点で和田庄太夫が創作の源が鳳来寺としたのはまちがってはいないかもしれない。

この説法を受け継いで浄瑠璃姫と牛若丸との悲恋物語を語り歩いたのが、座頭の法師たちだった。

すでに「平家物語」は飽きられていたから、新しい物語を作っては語っていたろう。その中で特に人々に喜ばれたのが地元を舞台にした浄瑠璃姫物語だった。鳳来寺の僧が、寄進をすれば功徳《くどく》がある具体的な例として、民話にある浄瑠璃姫の物語を説法話に作り替えたと和田は考えたようだ。この物語を座頭の琵琶法師が村々を廻《まわ》りながら語るようになったということではないか。

歌謡好きの信長が成人に達するころには、この物語は尾張一帯に広まっていたろう。これを物語る法師が清洲城に呼ばれて語り、信長を喜ばせたというのは事実かもしれない。

「昔昔物語」を語る老人はまるでその場にいたようなことを言っている。

「丹後七郎左衛門は声もよく、これを毎日毎夜に語るうちに、信長公はことのほかに面白がり、また同席して聴く人も感動したことであった。この七郎左衛門はのちに肥前《ひぜん》節の元祖となった人だ。だが、これも毎夜のことなので珍しくもなくなり、信長公から二人の座頭に『何か楽器があったほうがよいのではないか』という言葉があり、座頭両人が相談して三味線に合わせて語ることになった。いよいよ以前にもまして面白くなり、聴く人が感激すると、信長公は『今度は新しい物語を作ってはどうか。今度は武士の激しい働きぶりを題材にして世を平安に治めるような話が聞きたい』というので、城玄と角都が相談して源《みなもとの》頼光《よりみつ》を主人公にした『大江山酒呑童子《おおえやましゅてんどうじ》』を作った」

この話をすべて鵜呑《うの》みにはできないが、城玄と角都が巷《ちまた》で語られている浄瑠璃姫物語に手を加えて、物語に磨きをかけ洗練させたことや、当時は新しい楽器である三味線を使って物語を歌謡調に仕立てたこと、さらには浄瑠璃姫と牛若丸の悲恋物語だったのを、浄瑠璃姫を主人公に据《す》えて、彼女の美貌の虜《とりこ》となる男性との恋の遍歴を物語る段（章）を追加していった、というのは事実だろう。

ちなみに浄瑠璃姫は、三河の国司である伏見の屋敷に住む権中納言藤原兼高《ごんちゅうなごんふじわらかねたか》に見染められて結婚することでハッピーエンドのシンデレラ物語で終わるのだ。

浄瑠璃姫物語が女性版源氏物語だという説もうなずける。たぶん源氏物語を意識してストーリーを創作していったのだろう。

物語が十六段（章）に膨《ふく》らみ、写本として文字になっていた。はじめは口承《こうしょう》で弟子の座頭が語っていたのが、それを聞き書きして本にした。「昔昔物語」は丹後七郎左衛門がはじめて草紙に作ったと言っている。段が増えるにつれて長編化したから、暗記するのでは覚えられなくなったからだろう。

物語の面白さにひかれて、自分も語ってみようという人が現れた。そういう人が本を必要としたわけだ。

天正後半から慶長年間（１５９６〜１６１５）にかけては、特に京都や大坂で浄瑠璃が謡われるようになった。

永禄《えいろく》十一年（1568）に信長が軍団を率いて入洛し、その後に各地を転戦した。将兵らにとっては浄瑠璃物語は故郷の歌謡であり、戦いの合間に丹後七郎左衛門や橋本筑後が語るのに聴きほれていたのかしれない。また、彼らの中で喉自慢の者は自分で謡って、仲間に聞かせてもいたろう。

浄瑠璃が関東方面に伝わらないで京都や大坂等の関西で流行したのは、信長が東ではなくて西に向かって進撃したからだ。

司馬江漢《しばこうかん》の「春波楼筆記《しゅんぱろうひっき》」には、

「天正年中に澤角から教わり、薩摩次郎左衛門《さつまじろうざえもん》が摂津西宮《にしのみや》の傀儡子《くぐつし》（人形遣い）を使い、永禄年中に六字南無右衛門《ろくじなむえもん》とともに京都四条河原において興行する。薩摩は法師であって、浄雲《じょううん》と名乗っていた。これが浄瑠璃太夫の最初の人であるという」

とある。

永禄年間（1558～70）は天正年間の前だから、天正年間に教わり、永禄年間に興行したというのは誤りだ。

六字南無衛門は若い女性であり、浄瑠璃界で最初のプロの女浄瑠璃語りとなった。おそらく京都の遊女だったろう。北野対馬守、佐渡島正吉《さどしましょうきち》、北野小太夫といった女歌舞伎が京都の北野ヶ原や五条、四条の河原で小屋掛けをして舞い踊っていた時期と同じらしいから慶長年間の初期の頃らしい。

薩摩次郎座衛門は薩摩を名乗ったことからして薩摩藩の家士であり、薩摩琵琶の語り手であったようだ。薩摩琵琶は独自の進化を遂げ、これを用いて諸国を遍歴した。琵琶法師が座頭であるの対して、健常者であり、薩摩藩は趣味として薩摩琵琶を覚えた者を間者《かんじゃ》（スパイ）として使っていたという。

おそらく秀吉が中国攻めで姫路に進出したころに、秀吉のお伽坊主の澤角と接触し、浄瑠璃物語を教えてもらったのだろう。共通の趣味だった琵琶演奏の話題で盛り上がりながら、秀吉軍の動向なども聞き出して情報を薩摩に送っていたはずだ。

このころに西宮や淡路島には「傀儡子」と呼ばれる操り人形の大道芸で暮らしている者たちがいた。昭和二十年代ごろまであった「紙芝居」と同じようなものであって、紙ではなくて人形劇を見せたのだ。子ども向けに「猿蟹合戦」とか「桃太郎」などのおとぎ話を見せていた。

２１９ページの挿絵は「傀儡子」と呼ばれた人形遣いの芸人だ。首から体の前に大きな木箱を下げ、両手で人形を操《あやつ》りながら物語を語る。人が集まる辻などに立って芸を見せ、見物客から足元に置いてある篭《かご》に投げ銭を入れてもらっていた。

現在の西宮《にしのみや》神社（西宮えびす）は毎年行われる「福男選び」が有名で、テレビのニュースでも必ずと言ってよいほど放映される。本来はえびす神を祀り、豊漁を祈願するところだが、「傀儡神」を祀り、傀儡子たちの信仰の聖地でもあった。地方に興行にでかけるときなどに商売繁盛と旅の無事を祈ったという。このことから、西宮神社は商売繁盛の祈願社ともなっている。

薩摩次郎兵衛はこの傀儡子が演じている人形劇に目を付けた。

「浄瑠璃語りにこの人形劇を加えたら、さらに面白いものができるぞ」

と直感したのだ。

さらに彼は女歌舞伎に人気があるのを見て、美人美声の遊女をスカウトし、浄瑠璃を仕込んで六字南無衛門というスターを作り出した。

治郎兵衛は語り手、三味線弾き、人形遣いで一座を結成して、京都四条河原に進出した。慶長七、八年（1602、03）頃のようだ。

このころには本業が間者だということなど忘れて、浄瑠璃で金を稼ぐことしか頭になかったのではなかろうか。

（喜多村信節《きたむらのぶよ》「画證録《がしょうろく》」）

この時の芝居で南無衛門は「八島《やしま》」「高館《たかだち》」「曽我《そが》」といった物語に節をつけて語ったという。このころには浄瑠璃語りの人数も増え、聞き手が飽きないように新作の物語を作っていたらしい。物語の数は三十作ほどになっていたという。

一座を組み、小屋を作って興行するようになったのはこれが最初らしい。浄瑠璃が歌舞伎とほぼ同じ時期に芸能事業として成立したわけだ。

これが人気となり、利益を生み出すと、次々に京都や大坂で浄瑠璃語りが座を組み、興行する。座付きの物語作者まで現れた。

そこに競争が生まれて、三味線や操り人形にまで工夫を凝《こ》らすようになった。

なぜ流行したのだろうか。

文字の読めない者が多かったこの時代、庶民が知識や情報を得るのは耳で聴くしかなかった。しかもそれは友人知人らからの狭い世界での情報でしかなかった。

浄瑠璃物語は彼らの外で起きた出来事を感情を揺さぶるような創作を加えて教えてくれたのだ。

「昔昔物語」は言う。

「道理にかなった物語が多く、哀切《あいせつ》な場面では涙が止めようもないほどに語り、義理に迫ら

（喜多村信節 「画證録」）
（きたむらのぶよ　が　しょうろく）

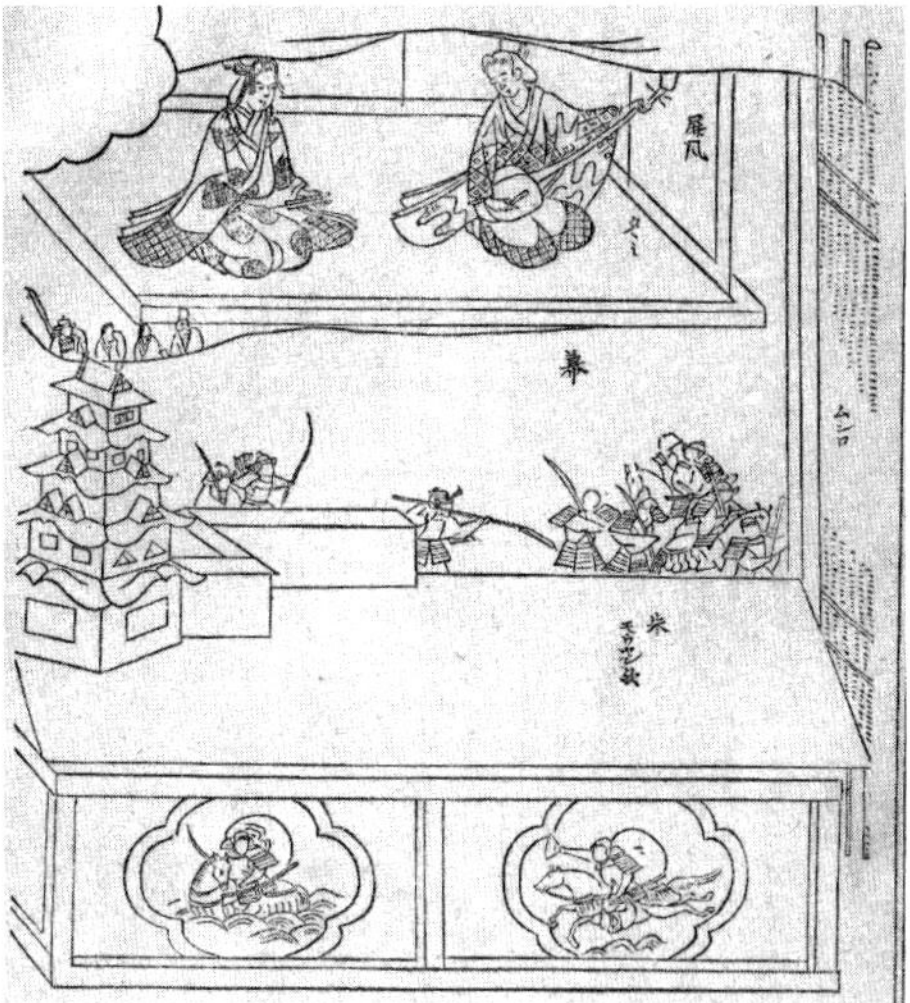

れて苦しむ、あるいは活躍する場面では大活躍をして智と勇気に奮い立つ。讒言《ざんげん》などによって不幸になる場面では、聴くものが悔しくて歯を食いしばる」

語り手は観客の喜怒哀楽の感情を揺さぶるのだ。

学者知識人たちは物語が史実とはちがう、子どもだましの作り話だとか、筵《むしろ》小屋にぎっしりと詰まって聴き入っている観客が体を寄せ合うようにして見物していることから、しらみが移りそうだというので、「しらみ歌」と呼んで軽蔑していた。

それでも浄瑠璃は時代とともに新しい流派を生み、そのときどきの流行となった。また竹《たけ》本義太夫《もとぎだゆう》が謡う「義太夫節」が生まれ、操り人形に代わって歌舞伎で物語を演じるようになる。

時代とともに洗練され、今や日本の古典芸能の一つになっている。三味線や操り人形も浄瑠璃とともに洗練されて、人間国宝まで存在する。そこにはこの芸能に生活をかけた芸能人たちの、観客の争奪を巡る絶えざる創意工夫の競争があった。

221ページの挿絵は女歌舞伎の舞台だ。一段高いところの中央にいるのが語り手、その左に三味線弾き、下段では物語に合わせて人形遣いが人形を動かしている。

◎現代に続く「切艾《きりもぐさ》」の大ヒットを助けた「温泉」と「国産線香」

元禄年間（1688～1704）初め頃

鍼灸《しんきゅう》医学は紀元前二千年以上も前に中国で生まれた。日本には朝鮮経由で大和王朝時代に伝わったというから、その歴史は古い。

律令《りつりょう》時代（＊大化の改新後の7世紀後半から10世紀頃までをさす）には「鍼博士《しんのはかせ》」という官職が設けられて、天皇家や皇族や豪族の鍼灸治療にあたった。時代が下るにしたがって鍼灸治療の研究が進み、鍼灸治療を施《ほどこ》す医師の数も増え、江戸時代には庶民までもが、料金を支払えば鍼灸治療を受けられるありがたい時世となった。

灸に用いられる艾《もぐさ》はヨモギの葉が原料だ。葉は乾燥させて粉末に磨《す》り潰《つぶ》し、利尿剤《りにょうざい》や解《げ》熱剤《ねつざい》として飲み薬にも使われてきた。

葉の裏には油分を含んだ綿毛が生《は》えていて、油分が接着剤のような役割をしてくっつくとともに、火をつけると時間をかけてじりじりと燃える。この綿毛を「艾」と呼んでいる。

量からすると、綿毛は葉の三パーセントしかないというから、百キロの葉から三キロの綿毛しか取れない計算になる。しかも綿毛が成熟して油分が乗るのは六月から七月にかけてで、年間を通して採取できるものではない。

おそらくヨモギの採取は田畑が少ない山中集落の人々の季節アルバイトだったのだろう。山中に自生しているヨモギの葉を採取してくると、水に晒《さら》して葉の汚れを落とし、天日干しをして乾燥させて艾製造の工房に持ち込んだ。

工房では葉を細かくちぎり、擂鉢《すりばち》で粉末になるまで磨り潰す。この間に混じっている不純物を取り除く。この不純物を除き、粉末になるまで磨り潰すのに手間がかかるという。

艾には油分があり、火をつけるとじりじりと時間をかけて燃えていく。艾をひとちぎり契《ちぎ》って軽く丸め、ツボの上に載せて火をつける。時間をかけてツボを刺激するので、灸には艾が良いとされた。

神田鍛冶《かんだかじ》町に住む箱根屋庄兵衛《はこねやしょうべえ》は艾の製造販売をしていた。「箱根屋」という屋号が示すように、彼の店の艾は箱根の山中で採《と》れるヨモギを箱根の湯で晒してから天日干しにし、「箱根の湯晒《ゆさら》し」と称して、温泉水の効能も含まれていると宣伝していた。

温泉といえば熱海《あたみ》が有名だった。熱海の温泉組合は幕府に「献上湯」の許可を願い出て、許可を受けると温泉水を樽詰めにして江戸城に運んでいた。この献上湯により熱海の温泉は有名になり、参勤交代で東海道を上下する大名が熱海の温泉宿に投宿した。さらには旅人が熱海に投宿し、江戸から熱海に湯治《とうじ》に出かける人々が現れた。

熱海の温泉景気を見て立ち上がったのが箱根の温泉組合だ。

「ならば箱根も献上湯を始めよう」と、幕府に陳情して許可を得た。正保《しょうほう》元年（１６４４）から毎日樽に詰めた温泉水を江戸城に馬車で運んだ。これで箱根温泉の知名度がアップし、元禄時代になると熱海と並んで箱根の温泉が有名になり、温泉ブームが起きた。「将軍家への献上品」という権威付けが温泉ブームの火付け役を果たしたわけだ。

江戸時代には将軍家、明治維新以降は皇室の御用達《ごようたし》か献上品となるのが「高級品の証《あかし》」だと人々は信じていた。権力が将軍家から天皇に移ると、「皇室御用達」とか「皇室献上品」、「近衛家献上品」「岩倉家御用達」などと皇室や公卿家の名前を勝手に拝借し、宣伝する店が続出した。さすがにこの虚偽宣伝には皇室や公家も迷惑して、明治政府が「御用達」や「献上品」とかの虚偽宣伝を禁止する法令を下した。明治元年七月五日、太政官令によって「御用紋印」取締令を布告した。

ちなみに江戸城では、熱海と箱根から毎日送られてくる献上湯に将軍様もうんざりしていて、代わりに大奥の女中衆たちが喜んで使っていたという。

箱根屋庄兵衛は金槌《かなづち》をふるって腕や肩を痛める鍛冶職人が多く住む神田鍛冶町（現在の千代田区神田二・三丁目、内神田三丁目）に店を構えていて、鍼灸治療の患者が多かったことや、人気の箱根湯を宣伝に利用したことなど、知恵を働かせていた男であったらしい。

最初、艾に火を点じるには焼き火箸《ひばし》を使っていた。おそらく炭火の中に数本の鉄火箸《かなひばし》を突っ込み、先端を赤く焼いたものだろう。灸を据《す》えるのが鍼灸師というプロの仕事だったのは、炭火を用意するのが面倒で、焼き火箸の扱いが危険だったからだ。

ところが元禄年間初めごろに灸の世界に革命的な変化が起きた。火箸に代わって線香を用いる方法が広まったのだ。

ここで話題を線香に転じると、線香は天正年間（１５７３〜９２）に長崎や堺に持ち込まれていたという。ただし、これは製法が伝わり、日本人の職人が線香を作るようになったということを意味しない。新し物好きの寺が輸入品を購入していただけかもしれない。

国産線香をはじめて作ったのは長崎に住む五島一官《ごとういっかん》だという。中国から製造法を伝えられた。この男は生年も没年も不詳であるが、「五島」という名が示すように五島列島の生まれだったようだ。

五島の漁師はイルカ漁やクジラ漁を集団で行ういっぽう、中国人から「倭寇《わこう》」と恐れられたように中国沿岸を襲撃するといった海賊行為をしていた。豊臣秀吉が朝鮮に出兵した「文《ぶん》禄《ろく》・慶長《けいちょう》の役《えき》」では兵員や兵糧《ひょうろう》の海上輸送を引き受けていた。

彼が生まれたとほぼ同じ頃に中国の福建《ふっけん》省南安《なんあん》では「国姓爺《こくせんや》」として知られる鄭成功《ていせいこう》の父である鄭芝龍《ていしりゅう》が生まれている。十八歳でマカオに移住し、ポルトガル商人のもとで働きながら1623年頃に平戸《ひらど》にやってきた。そして平戸に定住して、貿易業を始めた。彼が「平《ひら》戸《ど》一官《いっかん》」と名乗るようになったのはこのころのようだ。

五島一官が鄭芝龍と交流するようになったのはこのころらしい。これは推測だが平戸に入港するポルトガル船の乗組員の食糧として、イルカやクジラの塩漬け干し肉を鄭芝龍に売っていたのではないか。

ところで、鄭芝龍も五島も「一官」と名乗っているのはどういうことなのか。たまたま偶然に名が同じであったということではないだろう。

じつは一官とは名前ではなくて、当時の明人《みんじん》にあっては組織や集団のボスを意味する呼び名であった。儒者《じゅしゃ》の雨森芳洲《あめのもりほうしゅう》によれば、日本の役人が来航してきた明人に、「おまえの役職は何なのだ」と尋ねると「何々官である」と答えるので、役人は明国政府に任命された官《かん》吏《り》であると勘違いをしたという。雨森は「かの国の『官』とは我が国の『役』という程度の意味だ」と説明している。鄭芝龍を日本人は「かしら」と呼んでいたと言うのも、一官が頭役を意味していたからだろう。

五島一官は彼が平戸一官と名乗るのをまねて、「ならばおれは五島の一官だ」と名乗ったようであり、五島の荒くれ漁師集団のボスだった可能性がある。

鄭芝龍は1624年に台湾に移り、翌年には李旦《りたん》の海賊集団に加わって福建省で密貿易に従事する。さらに彼は清軍によって首都の北京を追われた明軍の側に立って清軍と戦うようになった。先祖の倭寇の血が騒いだのだろう。五島一官も配下の船団を引き連れて鄭芝龍のもとに駆け付け、ともに戦ったようだ。

寛文二年（1662）に五島一官は戦利品を積んだ船で長崎に帰国し、息子とともに貿易業を始めた。戦利品の中にあった線香なども販売したらしい。その線香が寺などに売れるので、その製法について知識があったから、息子に教え、息子が線香の製造に乗り出したという。

まもなく鄭芝龍が清国に降伏。その子の鄭成功が父と絶縁して台湾を拠点にして清軍と戦い、日本に援軍を求めると、五島一官は事業を息子に譲って鄭成功のもとに走ったという。商人として生きるよりも、倭寇の末裔《まつえい》として生きるのを望んだのかもしれない。その後の彼の消息については記録が全くない。

五島一官の息子が作った線香については、何の記録も残ってないところを見ると大成功を遂げたというほどではなかったようだ。ほそぼそと売れたという程度であったらしい。

線香が全国に広まるのはキリシタン弾圧に対する反乱「島原の乱」（寛永十四～十五年）が終結し、幕府がキリスト教の布教禁止強化策として、全国に「寺請《てらうけ》制度」（＊キリシタンではないことを寺院に証明させる制度）を命じてからだった。

寛永十七年（１６４０）に幕府は直轄地《ちょっかつち》に「宗門改役《しゅうもんあらためやく》」を置き、その住民に信仰する寺院の登録を求めた。その際の寺院の証明書が「寺請証文」と言われるものだ。幕府はこの制度を直轄領からさらに全国の諸藩にも義務づけた。

「寺請証文」はキリスト教信者であるかどうかの証明書にすぎなかったが、未登録の者は日常生活で差別を受けたり不便があったから、国民ほぼすべてが登録した。江戸版のマイナンバーカードといったところか。いや、マイナンバーカードは信仰する宗教欄がないだけましか。

言いたいことは、この制度によって寺院の数が増えたということだ。ちなみに江戸時代中期の寺院の数は、総人口が二千八百万人くらいの元禄年間に約四十七万寺だった。現在の寺院数が約七万七千寺だから、その数の多さに驚くだろう。

かつては寺院を建立《こんりゅう》するのは公家や大名だったが、「寺請制度」が始まると、近辺に寺がない地域は困った。そこで「寺請証文」を必要とする地域住民たちが相談して廃寺を復興したり新築したために寺院数が増えたわけだ。

これらの新興寺院は経済的に苦しかった。地域住民が結成した檀家《だんか》制度が寺財政を支えていたからだ。そこで寺側は様々な手法で収入増加をはかるいっぽう、経費の節約につとめた。邪気払《じゃきばら》いのために高価な輸入香を使っていたのを安い国産線香にしたのも経費節約のためだった。

というわけで、寺院の増加に比例して輸入香から国産線香への乗り換えが急速に進み、線香製造業が業界にまで拡大したのだった。

元禄時代初めには、江戸では寺院の門前に線香売りが並び、参詣人や墓参りの人たちに線香を売る姿が見られた。寺の僧侶だけではなく、一般の人々が線香を利用するようになっていた。自宅の墓や仏壇に線香を供《そな》える風習も広まっていた。

以上長々と線香について書いたが、本題の艾に話を戻そう。

この線香を焼き火箸の代わりに艾に点火し始めたのは堺の寺の僧侶だったという。おそらく蝋燭《ろうそく》から線香に火を移して灸に点火したのだろう。火桶の炭火から焼き火箸で点火するよりも簡便かつ安全だ。

この方法が線香の普及と同じくらいの速さで全国に広まった。寺院だけではなくて、漢方医や鍼灸師が焼け火箸から線香に乗り換えた。さらには一般庶民まで、艾を購入して自宅で灸を据えることができるようになったのだ。

近所に住む鍛冶職人たちが箱根屋で艾を買い、自分で灸を据えるのを見た庄兵衛にはひらめくものがあったのだろう。それまでは漢方医や鍼灸師向けに百匁《もんめ》（375グラム）や三百匁という艾のかたまりを箱詰めで売っていた。これを一粒ごとに切り分けて、患者が必要とする量だけを売ってはどうかと考えたのだ。その粒は極端に熱過ぎることもなく低過ぎることもない、均質的な温度だ。粒についても強中弱と分ければよい。

彼はこれを「切り艾」と名付けた。現代でも艾商品の主流であり、「切り艾」として販売されている嚆矢《こうし》となった。粒ごとに紙で包み、二十個入り、五十個入りなどにして紙箱に詰めて売った。

しかし、箱根屋庄兵衛のアイデアはこれにとどまらない。彼は箱の表に商標として三枡紋《みますもん》をつけた。「三枡紋」は当時人気絶頂の初代市川團十郎《だんじゅうろう》の紋だ。團十郎の芸は「荒事」と言われた。「荒事」とは力感のあふれた荒々しい超人の芸風だ。その強壮頑健《きょうそうがんけん》なイメージを自分のところの商品イメージとしてかぶせたわけだ。

むろん團十郎の許可をとっていない無断使用だ。

江戸の人々は庄兵衛の切り艾を「團十郎艾」と呼んだという。「三枡紋」によって團十郎を連想させるのが彼の狙いだったから、まんまと狙いが当たったわけだ。團十郎が考案して売らせていると勘違いをした人も少なくなかったらしい。

菊岡光行《きくおかみつゆき》（通称は藤四郎）は宝永年間（1704〜11）から享保年間（1716〜36）にかけて江戸神田で表具師や金属彫刻を職業としていた。彼が書いた「本朝世事談綺《ほんちょうせじだんき》」にはこう書いてある。

「これを見倣《みなら》ってあちらこちらに切り艾を製造する者が出た。庄兵衛の商標をまねてそれぞれ三枡紋をつけて、三舛屋兵庫《ひょうご》とか市川屋なにがしなどと名をつけて売るのである。團十郎が売り始めたのではないのである」

屋号まで市川團十郎を連想させるような切り艾店が出現した。肖像権も商標権もない時代のことだ。漢方医や鍼灸師を頼まないでも気軽に簡単に個人が灸を据えられるというので切り艾は売れた。そして売れるとなれば模倣製造店が次々に出てくるのがどの流行品も同じだ。

宝永六年（1709）の山村座の春芝居で「傾城雲雀山《けいせいひばりやま》」が上演された。二代目市川團十郎が主役の久米八郎役を務め、艾売りの行商人に扮《ふん》した。

「江戸芝居年代記」はこう記している。

「艾売りのせりふが大流行。江戸中で子どもまでもがまねをしている。はやり歌のようである。浅草門前にも艾売り店ができた。團十郎の艾売りの人形を作り、看板にしている」

團十郎艾が人気の商品ならば、團十郎を艾売りに仕立てて客を喜ばせてみようと歌舞伎作者が洒落《しゃれ》たのだ。これが話題となって大入り満員、山村座も團十郎もにこにこ、艾屋も商売繁盛してにこにこしたというわけだ。

「勝手に名前を使われた。使用権を払え」と騒がないで、逆に芝居で利用したのだった。

挿絵は正徳年間（1711～16）の切り艾の行商人だ。背中に負《お》った荷箱には三舛紋が描かれている。神田鍋町《なべちょう》（現在の千代田区鍛冶町二丁目・三丁目、内神田三丁目）三枡屋兵庫の切り艾だ。行商しているのは店の小僧だろう。店頭売りだけでなくこうして行商して市中を巡りながら売り歩いたのがわかる。

この荷箱は当時は「になない箱」と呼ばれた。元文年間（1736～41）に神田鍋町で煙草屋の「叶屋《かのうや》」が考案して刻《きざ》み煙草を売り歩いたという。「三舛屋」は同じ鍋町に住むからこの「にない箱」のアイデアを頂戴したのかもしれない。

現代でも切り艾の愛好者は少なくない。ドラッグストアなどで売られている。これを考案した箱根屋は「艾大尽《もぐさだいじん》」と呼ばれ、屋敷も土蔵も豪勢であった。明和《めいわ》九年（1772）の大火でも、周辺が焼亡してしまったのに、土蔵だけは焼け残ったという。

だが、庄衛門の跡を継いだ二代目が、経営を番頭に任せきりで遊蕩三昧《ゆうとうざんまい》の暮らしを送ったために倒産してしまった。

「傾城《けいせい》の涙で蔵の屋根がもり」

吉原の遊女のウソ涙にだまされて吉原通いで金を浪費し、店の経営をおろそかにしている若旦那を詠《よ》んだ川柳だ。

二代目の箱根屋のような若旦那が少なくなかったようだ。

（「艾《もぐさ》売《う》り」正徳年間）

あとがき

江戸という都市の総人口はいったいどれくらいだったのか。同時代では世界でも一位、二位を争うような総人口だったといわれるが、正直なところその実数はわかってはいない。

幕府は「人別改《にんべつあらため》」といわれる戸籍調査を数回行っていたが、幕府の家臣や諸大名家の江戸屋敷に居住する武士およびその家族については調査を行っていない。文化十二年（１８１５）に行われた調査では、町人五十三万二千七百十人、出家二万六千九十人、山伏三千八十一人、吉原八千四百八十人の合計五十七万四千二百六十一人となっている。

いっぽう差別的扱いをして意図的に調査から省《はぶ》いた人々や、農村部から逃亡した「逃散農民」や、江戸に逃げ込んだ犯罪者や諸国を遍歴する放浪者などもいた。これらの調査漏れを含めると六十万人を超えていただろう。また、幕府の家臣である旗本が五千人弱、御家人が三万人強もいたし、その家族や家来を含めると十万人を超えたろう。これに諸大名の江戸屋敷に居住する大名の家族や家臣およびその家族を含めると百万人を超えていたはずだ。同時代の大坂の人口が四十万人弱、京都の人口が三十五万人弱だから、いかに江戸が大都市で、経済的に大消費地だったかがわかるだろう。

農民からの年貢を経済基盤としている幕府は、商品貨幣経済の発展によってこの基盤が取り崩されるのを恐れて厳しい統制を行った。そして過度の消費により武士層が困窮すると、「享保《きょうほう》の改革」「寛政《かんせい》の改革」「天保《てんぽう》の改革」と、質素倹約を命じて商人層を締め付けた。

他方でこの大消費地で利益を求める職人や商人や芸人などは、そうした統制と戦いながら知恵と工夫を凝《こ》らして物を作ったり売ったりしたのだ。江戸の商人といえば紀伊國屋文左衛門《きのくにやぶんざえもん》とか奈良屋茂左衛門《ならやもざえもん》などの材木商や、三井家や鴻池《こうのいけ》家のような両替商の巨商が有名だが、彼らを取り上げた本は多い。私は前作（『江戸のヒット仕掛け人』）同様あえて彼らを避けて、流行品を生み出した小商人たちの工夫や発明に焦点を置きつつ、流行の社会的な背景を書いてみた。歴史書には出てこない無名の人たちだ。

流行でも感心する善い流行もあれば、感心できない悪い流行もある。「富くじ」だの博打《ばくち》だの詐欺的な宗教だの偽薬だのといった悪い流行は取り上げなかった。また人気のあった歌舞伎や義太夫や相撲なども取り上げなかった。これらについてはいずれ書く予定でいる。が、その前に「明治のヒット仕掛人」を八十翁《おう》の老軀《ろうく》に鞭《むち》打って書き上げなくてはならない。

最後になりましたが、出版にご尽力いただいた東京新聞事業局の清水孝幸局長、事業局出版・エンタテインメント事業部の岩岡千景部長に心より謝意を申し上げたい。

巻末資料・江戸二百六十五年（後期）

年号	西暦	将軍	主要事項
延享（えんきょう）元～　五年	1744～1748	九代　家重（1745～）	元年史上最高の年貢収納高。二年九月吉宗が隠居して将軍職を家重に譲る。四年義太夫節が大流行。
寛延（かんえん）元～　四年	1748～1751		二年森田座で「仮名手本忠臣蔵」上演。同年十二月大規模一揆が全国で続発、会津の大一揆は数万人規模に。
宝暦（ほうれき）元～十四年	1751～1764	十代　家治（1760～）	元年六月大御所吉宗没す。七年七月平賀源内、物産会を開く。十年二月江戸大火。
明和（めいわ）元～　九年	1764～1772		二年浮世絵から「錦絵」誕生。五年水茶屋の笠森おせんが評判に。八年「伊勢おかげ参り」流行。
安永（あんえい）元～　十年	1772～1781		元年一月田沼意次老中に。元年二月江戸大火（目黒行人坂火事）。三年杉田玄白『解体新書』。四年草双紙『金金先生栄花夢』。
天明（てんめい）元～　九年	1781～1789	十一代　家斉（1787～）	二年～七年「天明の大飢饉」。三年七月浅間山大噴火。六年八月老中田沼意次罷免。七年六月松平定信老中首座に就き「寛政の改革」（寛政五年まで）。同年八月倹約令。
寛政（かんせい）元～十三年	1789～1801		元年谷風が実質的初代横綱に。二年二月物価引き下げ令。三年頃喜多川歌麿が美人大首絵を発表。十年寄席の常設小屋ができる。
享和（きょうわ）元～　四年	1801～1804		二年十返舎一九『東海道中膝栗毛』。二年流行の「富士講」が禁止に。三年「八百善」の料理が人気に。
文化（ぶんか）元～十五年	1804～1818		三年三月江戸芝で大火（丙寅の大火）。四年永代橋崩壊で大惨事。六年式亭三馬『浮世風呂』。十一年曲亭馬琴『南総里見八犬伝』。
文政（ぶんせい）元～十三年	1818～1830		八年「東海道四谷怪談」上演。八年二月異国船打払令。十一年十月「シーボルト事件」。十二年三月江戸大火（己丑の大火）。

天保（てんぽう）	元～十五年	1830～1844	十二代　家慶（1837～）	元年「伊勢参り」大流行。四年歌川広重画「東海道五十三次」。四年～七年「天保の大飢饉」。五年三月水野忠邦老中に。十二年五月「天保の改革」始まる。
弘化（こうか）	元～　五年	1844～1848		二年一月江戸に大火（青山火事）。三年一月再び江戸に大火。四年九月孝明天皇即位。
嘉永（かえい）	元～　七年	1848～1854	十三代　家定（1853～）	五年五月江戸城西の丸炎上。六年六月ペリーの黒船が浦賀に来航。
安政（あんせい）	元～　七年	1854～1860	十四代　家茂（1858～）	元年三月「日米和親条約」締結、吉田松陰密航に失敗。二年十月「安政の大地震」。五年四月井伊直弼大老に。同年六月「日米修好通商条約」調印。
				五年七月コレラ大流行。同年十月「安政の大獄」始まる。七年二月咸臨丸、太平洋を横断。同年三月「桜田門外の変」で大老井伊直弼暗殺。
万延（まんえん）	元～　二年	1860～1861		元年十月皇女和宮降嫁正式に勅許。
文久（ぶんきゅう）	元～　四年	1861～1864		二年江戸に天然痘が大流行。同年一月「坂下門外の変」。同年二月皇女和宮が将軍家茂と結婚（公武合体）。三年三月将軍家茂が上洛。
元治（げんじ）	元～　二年	1864～1865		元年七月「禁門の変」、幕府の長州征伐。
慶応（けいおう）	元～　四年	1865～1868	十五代　慶喜（1867～68）	二年七月将軍家茂急死。同年十二月孝明天皇崩御。三年～四年「ええじゃないか」運動、同三年「伊勢参り」大流行。三年十月「大政奉還」。同年十二月「王政復古の大号令」。
				四年一月「鳥羽伏見の戦い」。四年四月江戸城無血開城。同年九月会津若松城落城。
明治（めいじ）	元～四十五年	1868～1912		元年七月江戸を東京と改称。二年五月箱館五稜郭の榎本武揚降伏で「戊辰戦争」終結。

百均《ひゃっきん》・アイドル・焼《や》き芋屋《いもや》
江戸《えど》の発明《はつめい》　現代《いま》の常識《じょうしき》

2023年4月28日　第1刷発行

著　　者　檜山良昭
発 行 者　岩岡千景
発 行 所　東京新聞
〒100-8505　東京都千代田区内幸町 2-1-4
中日新聞東京本社
電　　話　［編集］03-6910-2521
［営業］03-6910-2527
F　A　X　03-3595-4831
装　　丁　安彦勝博
企画・編集　丸山出版
印刷・製本　近代美術株式会社

ISBN978-4-8083-1084-4　C0021